W0368876

# VOORWOORD

Voor locals voelt Antwerpen aan als een dorp, maar 't Stad – zoals de Antwerpenaren zeggen – heeft evenveel te bieden als een metropool. Het is een **creatieve wereldstad** op een kleine, gezellige oppervlakte. Elke wijk is uniek. Fashionista's shoppen bij bekende Antwerpse designers in de Modewijk, cultuurliefhebbers kunnen terecht in de vele musea en ook op historisch en architectonisch gebied zijn er genoeg inspirerende plekken. Maak bovendien kennis met de fantastische foodscene: er komen steeds meer culinaire hotspots bij in Antwerpen. Of drink 'een pintje' met de locals in een van de kroegen.

**time to momo** laat je lekker wandelen, in je eigen tempo de stad ontdekken en de local lifestyle beleven. Zonder dat je je hoeft voor te bereiden. Voor deze gids hebben we vier themaroutes samengesteld. De routes leiden je langs de leukste romantische, creatieve, fotogenieke en kidsproof hotspots. Geen van de adressen die we beschrijven, heeft voor vermelding betaald; de gids is samengesteld door een onafhankelijke redactie.

Dus... verras je lief met een weekendje weg, neem je vrienden mee op een inspirerende stedentrip, of ga met het gezin een gezellig dagje uit in Antwerpen. Met de trein ben je er zo. Geniet!

## HAAL ALLES UIT JE STEDENTRIP!

**VOOR DE LAATSTE TIPS: WWW.TIMETOMOMO.COM** OF VOLG ONS OP
@TIMETOMOMO_COM **&** @TIMETOMOMO
LAAT ONS MEEGENIETEN VAN JOUW STEDENTRIP VIA **#TIMETOMOMO**

# PRAKTISCH

Met de vier routes in deze gids kun je te voet en in je eigen tempo de leukste wijken van de stad ontdekken. De routes leiden je langs musea en bezienswaardigheden, maar laten je vooral ook zien waar je lekker kunt eten en drinken, shoppen, genieten en leuke dingen kunt doen.

Elke route is duidelijk weergegeven op een gedetailleerde plattegrond aan het begin van het betreffende hoofdstuk. Ook alle adressen zijn op deze kaart terug te vinden. Aan de kleur van de bolletjes kun je zien om wat voor soort adres het gaat (zie de legenda onderaan deze pagina). Verderop in het hoofdstuk wordt elk adres steeds uitgebreid beschreven.

Zonder de genoemde adressen uitgebreid te bezoeken, duurt één route ongeveer twee à drie uur. De afstand in kilometers vind je boven de routebeschrijving.

### PRIJSINDICATIE

Om je een idee te geven van de prijzen in restaurants, vind je bij hun adresgegevens steeds een prijsindicatie. Tenzij anders vermeld, is het bedrag de gemiddelde prijs van een hoofdgerecht. De entreeprijzen van bezienswaardigheden zijn de reguliere tarieven, eventuele gereduceerde tarieven noemen we niet.

### GOED OM TE WETEN

De eerste zondag van de maand is het koopzondag, er zijn dan veel shops in het centrum geopend. In de Kloosterstraat zijn de winkels elke zondag open.

## LEGENDA

- >> BEZIENSWAARDIGHEDEN
- >> ETEN & DRINKEN
- >> SHOPPEN
- >> LEUK OM TE DOEN

**NATIONALE FEESTDAGEN**

Naast de bekende feestdagen Nieuwjaar, Pasen, Hemelvaart, Pinksteren en eerste kerstdag (tweede kerstdag zijn de winkels gewoon open) kent België de volgende officiële vrije dagen:

**1 mei** > Dag van de Arbeid
**21 juli** > Nationale feestdag
**15 augustus** > Maria Hemelvaart
**1 november** > Allerheiligen
**11 november** > Wapenstilstand van 1918

# VERVOER

Antwerpen bereik je het makkelijkst met de **trein**. Vanaf station Antwerpen Centraal loop je zo het centrum in. De stad is compact genoeg om te voet te ontdekken. Op *www.belgiantrain.be* vind je informatie over treinreizen binnen

7
Mortsel
Eilandje
7102

Duvel

België en vanaf station Roosendaal. Kijk op *www.nsinternational.nl* voor de hogesnelheidstreinen vanuit Amsterdam, Schiphol of Rotterdam en voor intercity's vanuit Amsterdam, Schiphol, Den Haag, Rotterdam, Dordrecht of Roosendaal.

Kom je met eigen vervoer, dan kun je de **auto** kwijt in verschillende parkeergarages in het centrum. Op diverse plaatsen in de stad vind je informatieborden waarop staat of een garage nog vrije plekken heeft. Op de Frankrijklei, ter hoogte van de Nationale Bank, vind je een ondergrondse parking die goedkoper is dan de andere. De Antwerpse binnenstad is een lage-emissiezone: bepaalde vervuilende voertuigen mogen de stad dus niet in zonder daarvoor te betalen. Je vindt alle info op *www.slimnaarantwerpen.be*.

Eenmaal in de stad kun je gebruikmaken van de **tram** of de **bus**. Er zijn verschillende vervoersbewijzen: een biljet voor een uur of een tienrittenkaart. Ga je veel met bus en tram en blijf je binnen de stad, dan kun je een dagpas of een driedagenpas kopen. De verschillende vervoersbewijzen zijn te koop bij de kaartjesautomaat, bij dagbladhandelaren, via de app van De Lijn, via sms en in de Lijnwinkels. Deze winkels vind je op het metrostration op de Groenplaats en op het Centraal Station. Op *www.delijn.be* vind je meer informatie over het openbaar vervoer in de stad.

Voor een **taxi** kun je bij verschillende taxistandplaatsen terecht, zoals station Antwerpen Centraal en metrostation Groenplaats. Je kunt uiteraard ook een taxi op straat aanhouden; de officiële taxi's met vergunning herken je aan de dakverlichting met het woord 'taxi'. Gerenommeerde taxibedrijven in Antwerpen zijn bijvoorbeeld DTM (+32 33666666) en Antwerp-tax (+32 3 2383838). Die laatste heeft ook een handige app waarmee je je taxi kunt bestellen.

Een **boottocht** over de Schelde mag natuurlijk niet ontbreken bij een bezoek aan Antwerpen. Boek bijvoorbeeld een havenrondvaart bij Flandria, die vertrekt aan de Londenbrug op het Eilandje (*www.flandria.nu*).

# FIETSEN

Antwerpenaren verplaatsen zich meestal met de **fiets**. Het is de makkelijkste manier om de stad te ontdekken. Omdat Antwerpen niet overdreven groot is, ben je vaak al na tien minuten fietsen bij dat ene leuke restaurantje. Overal in het centrum staan Velo-stations *(www.velo-antwerpen.be*), waar je een fiets kunt huren. De rode fietsen zijn een grote hit. Je kunt een dagpas (5 euro) of weekpas (11 euro) nemen, of een jaarabonnement (55 euro). Vanuit huis alvast online een pas aanvragen is het handigst, maar je kunt ook ter plaatse online, via de app of aan de Velo-balie op het Centraal Station een pas aanschaffen. De huurprijs hangt af van hoelang je onderweg bent, maar het eerste halfuur fiets je sowieso gratis. Dat is trouwens ongeveer de tijd die je nodig hebt om van noord naar zuid te fietsen.

Naast drukke hoofdstraten liggen goede fietspaden, maar in kleinere straten gebruik je als fietser dezelfde rijbaan als de auto's. Gelukkig zijn automobilisten in Antwerpen gewend aan fietsers in het verkeer, al blijft het natuurlijk oppassen. Ook in veel voetgangersgebieden mag je fietsen, al is dat tijdens het weekend meestal niet aan te raden. Een helm dragen is niet verplicht in Antwerpen. Het wordt er dan ook amper gedaan.

Verken de stad eens met een fietstocht met een gids. Cyclant (*www.cyclant.com*) biedt leuke formules aan die je alle bekende en minder bekende delen van de stad laten zien. Dit is de uitgelezen manier om de wijken net buiten de Singel te ontdekken. Zo focust een van de tours op parken, kunst en architectuur, waardoor je de mooiste plekjes van onder andere Berchem ontdekt. Een andere route spitst zich volledig toe op de Antwerpse haven. Een tour duurt ongeveer 3,5 uur en kost 25 euro per persoon, inclusief huurfiets.

Tegenwoordig zijn ook de elektrische **steps** neergedaald in Antwerpen. Bird is op dit moment de grootste aanbieder. Download de app van het bedrijf en je kunt op weg. Deze steps zijn handig als je even niet wilt wandelen en ergens snel moet zijn. Een step huren kost 1 euro voor het opstarten en vervolgens 0,15 euro per minuut.

TONEELHUIS

# ROUTE 1

## ANTWERPEN MET JE LIEF

### IN HET KORT

Deze route neemt je mee op een romantische tocht door Antwerpen. Van het Historisch Centrum wandel je tot aan het Groen Kwartier. Ontdek historische gebouwen, stadsbieren en culinaire adresjes die jullie vast beiden bevallen. Tussendoor kun je uitrusten met een picknick in een park.

### OVER DE ROUTE

De **historische binnenstad** is het kloppende hart van Antwerpen. Dwalend met je lief door de straatjes met de prachtige gevels waan je je soms in de middeleeuwen. Je komt langs de mooiste plekjes, zoals het **Hendrik Conscienceplein** met de **Sint-Carolus Borromeuskerk** en de recent gerenoveerde **Handelsbeurs**.

Via de botanische tuin loop je helemaal tot aan de oude militaire kazerne, met in het hart van de buurt **PAKT**, een initiatief van creatieve ondernemers. De eindbestemming ligt op de **Dageraadplaats**, met honderden lichtjes die 's nachts aan de hemel schijnen.

Onderweg kom je langs allerlei plekken om met z'n tweeën wat leuks te ondernemen. Deel een high tea bij **Salon de Thé Claude**, een 'bolleke' bij **Stadsbrouwerij De Koninck**, bezoek de **Vogelenmarkt** aan het **Theaterplein** of pik een theaterstuk mee in de **Bourlaschouwburg**.

De route zit ook vol gastronomische adresjes om samen te tafelen. Houden jullie van chique en exclusief? Reserveer dan bij **The Jane**, verkozen tot een van de beste restaurants ter wereld. Ook **August**, **Het Gebaar** en **Grandeux** bieden culinair hoogstaande menu's. Uiteraard zijn er ook tal van budgetvriendelijke opties: gezellige lunch-, brunch- en apéro-plaatsen zoals **Bubble Waffle**, **Maurice Bar**, **Felfel** en **Racine**. Hippe stellen moeten zeker naar de rooftop van **Black Smoke**, met zijn relaxte vibe en kunnen eindeloos koffiedrinken in **Caffènation**.

Heb je zin om te shoppen? Ook dat kan op deze route. Naast prachtige, historische gebouwen vind je op de **Meir** en in de **Stadsfeestzaal** volop de bekende, grote winkels. Maar onderweg kom je ook meer exclusieve shops en verborgen parels tegen, zoals de hippe boekwinkel **Luddites Books & Wine** en **PIET Moodshop**.

## MEER ONTDEKKEN? 5 TIPS BUITEN DE ROUTE:

**CAFÉ STORM + STADSPARK + ONZE-LIEVE-VROUWEKATHEDRAAL + HOTEL FRANQ + ZONSONDERGANG BOVEN DE SCHELDE**

**TIPS**

**// Beslis vooraf of jullie wel of niet gaan shoppen.**
**// Kies beiden wat te bezoeken adressen uit.**
**// In het Albertpark kun je heerlijk picknicken.**

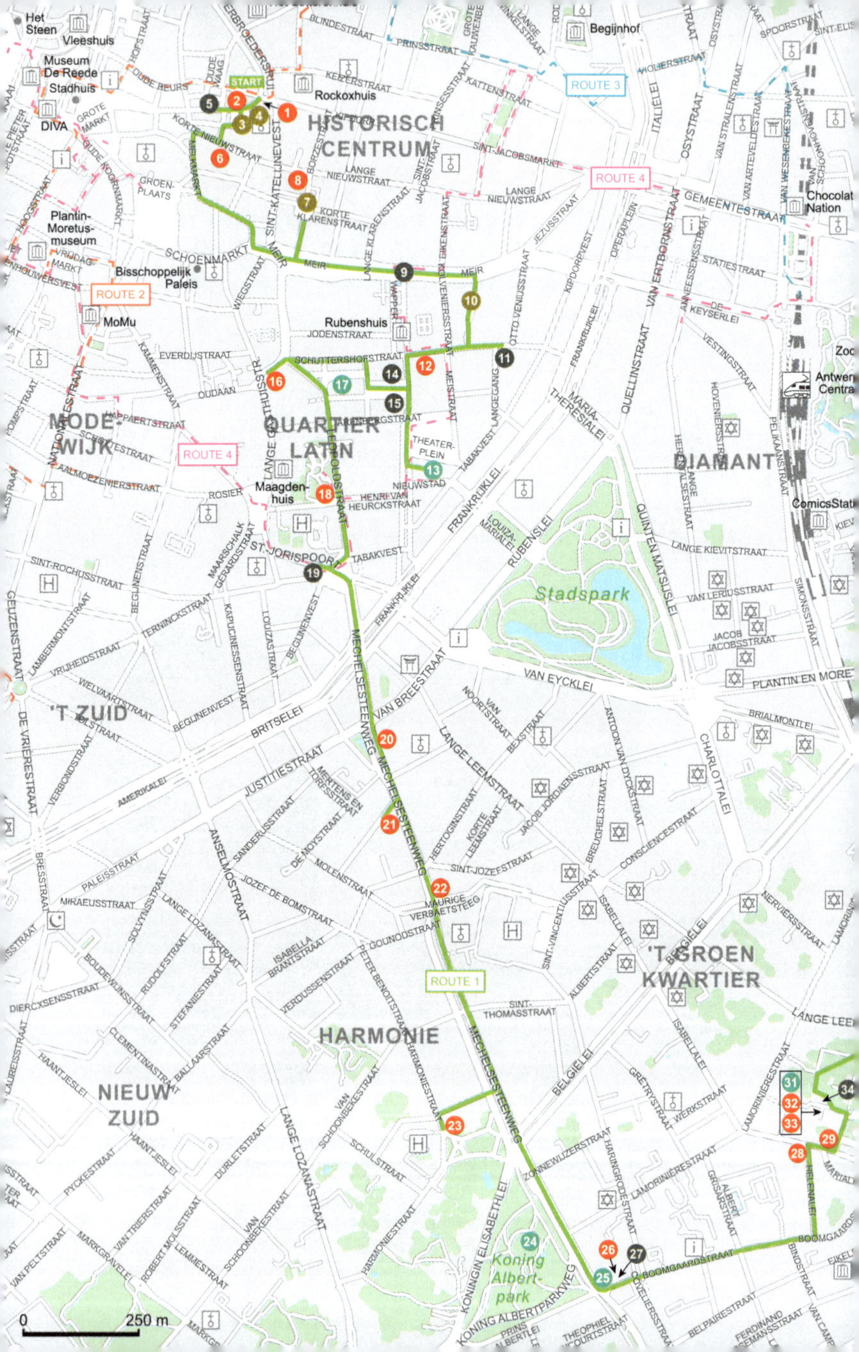

Het Steen
Vleeshuis
Museum De Reede
Stadhuis
DIVA
Rockoxhuis
Begijnhof
START
HISTORISCH CENTRUM
ROUTE 3
ROUTE 4
ROUTE 2
ROUTE 1
Chocolate Nation
Plantin-Moretus-museum
Bisschoppelijk Paleis
MoMu
Rubenshuis
MODE-WIJK
QUARTIER LATIN
THEATER-PLEIN
Maagdenhuis
DIAMANT
Antwerpen Centraal
ComicsStation
Stadspark
'T ZUID
HARMONIE
NIEUW ZUID
'T GROEN KWARTIER
Koning Albert-park
BLINDESTRAAT
PRINSSTRAAT
KEIZERSTRAAT
KATTENSTRAAT
OUDE BEURS
GROTE MARKT
KORTE NIEUWSTRAAT
MELKMARKT
SINT-KATELIJNEVEST
LANGE NIEUWSTRAAT
KORTE KLARENSTRAAT
SINT-JACOBSMARKT
GEMEENTESTRAAT
SCHOENMARKT
MEIR
WAPPER
KIPDORPVEST
OPERAPLEIN
VAN ERTBORNSTRAAT
STATIESTRAAT
DE KEYSERLEI
JODENSTRAAT
EVERDIJSTRAAT
SCHUTTERSHOFSTRAAT
OUDAAN
KAMMENSTRAAT
NATIONALESTRAAT
LANGE GASTHUISSTR.
LEOPOLDSTRAAT
NIEUWSTAD
HENRI VAN HEURCKSTRAAT
ROSIER
TABAKVEST
ST. JORISPOORT
FRANKRIJKLEI
MARIA-THERESIALEI
QUELLINSTRAAT
QUINTEN MATSIJSLEI
RUBENSLEI
LOUIZA-MARIALEI
LANGE KIEVITSTRAAT
VAN LERIUSSTRAAT
JACOB JACOBSSTRAAT
PLANTIN EN MORETUSLEI
BRIALMONTLEI
VAN EYCKLEI
SINT-ROCHUSSTRAAT
GEUZENSTRAAT
LAMBERMONTSTRAAT
VRIJHEIDSTRAAT
WELVAARTSTRAAT
BEGIJNENVEST
BRITSELEI
MECHELSESTEENWEG
VAN BREESTRAAT
LANGE LEEMSTRAAT
JUSTITIESTRAAT
AMERIKALEI
DE VRIERESTRAAT
VERBONDSTRAAT
KAPUCINESSENSTRAAT
LOUIZASTRAAT
ANSELMOSTRAAT
SANDERUSSTRAAT
DE MOYSTRAAT
MOLENSTRAAT
HERTOGINSTRAAT
SINT-JOZEFSTRAAT
JACOB JORDAENSSTRAAT
CONSCIENCESTRAAT
CHARLOTTALEI
BRESSTRAAT
PALEISSTRAAT
MIRAEUSSTRAAT
JOZEF DE BOMSTRAAT
MAURICE VERBAETSTEEG
GOUNODSTRAAT
ISABELLA BRANTSTRAAT
LANGE LOZANASTRAAT
SOLVYNSSTRAAT
RUBENSLEI
BOUDEWIJNSSTRAAT
STEFANIESTRAAT
DIERCXSENSSTRAAT
CLEMENTINASTRAAT
BALLAARSTRAAT
HAANTJESLEI
VERDUSSENSTRAAT
PETER BENOITSTRAAT
HARMONIESTRAAT
SINT-THOMASSTRAAT
BELGIËLEI
ISABELLALEI
ALBERTSTRAAT
GRETRYSTRAAT
WERKSTRAAT
LAMORINIÈRESTRAAT
HELENALEI
VAN SCHOONBEKESTRAAT
SCHULSTRAAT
ZONNEWIJZERSTRAAT
HARINGRODESTRAAT
PYCKESTRAAT
VAN TRIERSTRAAT
ROBERT MOLSSTRAAT
LEMMESTRAAT
DURLETSTRAAT
VAN PELTSTRAAT
MARKGRAVELEI
KONINGIN ELISABETHLEI
KONING ALBERTPARKWEG
BOOMGAARDSTRAAT
BINDSTRAAT
BELPAIRESTRAAT
FERDINAND MAEMANSSTRAAT
THEOPHIEL ROUCOURTSTRAAT
0
250 m

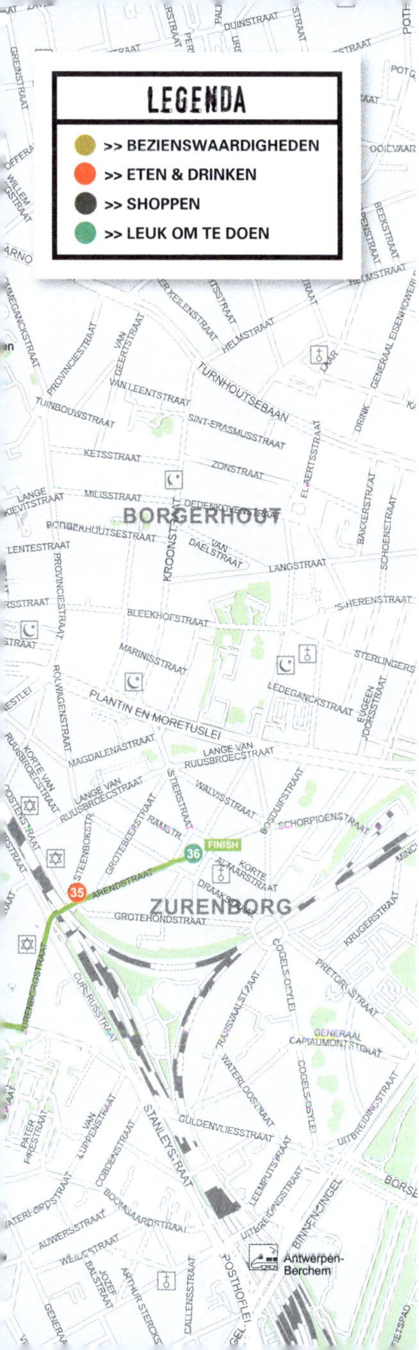


## ANTWERPEN
## MET JE LIEF

1. Bubble Waffle
2. Salon de Thé Claude
3. Hendrik Conscienceplein
4. Sint-Carolus Borromeuskerk
5. Goudsmederij Wim Meeussen
6. Maurice Bar
7. Handelsbeurs
8. Fiera
9. Meir
10. Stadsfeestzaal
11. Luddites Books & Wine
12. Grand Café Horta
13. Theaterplein
14. Graanmarkt 13
15. PIET Moodshop
16. Domestic
17. Bourlaschouwburg
18. Het Gebaar
19. Bloemen van Cornelis
20. Felfel
21. Montebello
22. Art Bar
23. nives
24. Albertpark
25. Stadsbrouwerij De Koninck
26. Black Smoke
27. Butcher's Store
28. Bar Vert
29. August
30. Tho Jano
31. PAKT
32. Racine
33. Caffènation
34. Flanelles
35. Dôme sur Mer
36. Dageraadplaats / sterrenhemel

# ROUTEBESCHRIJVING 1 (ca. 7 km)

Start je route met een ontbijt bij Bubble Waffle 1 of een high tea 2. Aan je linkerhand zie je het historische Hendrik Conscienceplein 3 met de Sint-Carolus Borromeuskerk 4. In de Wijngaardstraat vind je diverse mooie juwelenwinkels, zoals Goudsmederij Wim Meeussen 5. Steek door de kleine straatjes naar de Korte Nieuwstraat. Hier ligt Maurice Bar 6 in een oud kapelletje. Keer om en loop de andere richting op, verder door de Korte Nieuwstraat. Ga links op de Melkmarkt en weer links op de Eiermarkt. Loop linksaf de Meir op. Links, in de Twaalfmaandenstraat, zie je de prachtige Handelsbeurs 7, waar je fancy kunt dineren bij Fiera 8. Loop verder over de Meir 9 en ga naar binnen in de Stadsfeestzaal 10. Neem de andere uitgang naar Hopland, voor boeken en wijn 11. Bij Grand Café Horta 12 kun je genieten van het bruisende stadscentrum. Of ga linksaf naar de Maria Pijpelincxstraat en loop door naar het Theaterplein 13. Ga iets terug naar de Graanmarkt voor een conceptstore 14 en interieuritems 15. Ga rechts de Sint-Maartenstraat in en links naar de Schuttershofstraat. Deel een taartje 16. Loop iets terug en ga rechtsaf op de Komedieplaats. Hier ligt de Bourlaschouwburg 17. Loop door voor een wandeling in de botanische tuin en daarna een fancy lunch bij Het Gebaar 18. Loop verder via de Leopoldstraat en koop rechts bloemen voor je geliefde 19 of loop rechtdoor voor meer culinaire adresjes. Je eet Libanees 20, pakt een ijsje 21, neemt een drankje bij de Art Bar 22 of nestelt je in de groene oase van nives 23 of het Albertpark 24. Bezoek op de hoek van de Boomgaardstraat Stadsbrouwerij De Koninck 25 of in de straat zelf Black Smoke 26 en Butcher's Store 27. Wandel linksaf in de romantische Helenalei naar Bar Vert 28 en door naar de oude militaire kazerne. Hier vind je August 29 in het omgevormde Augustijnenklooster en sterrenrestaurant The Jane 30 in de oude kapel. Verder in de buurt kom je bij PAKT 31 met betaalbare eetadresjes zoals Racine 32 en Caffènation 33 en mode bij Flanelles 34. Loop verder door het Groen Kwartier langs een groen plein en een speeltuin naar de Lange Leemstraat. Ga via de Zurenborgstraat naar de wijk Zurenborg. Steek onder de spoorweg door naar Dôme sur Mer 35 voor lekkere zeevruchten. Eindbestemming de Dageraadplaats bereik je via de Arendstraat. Tal van leuke barretjes en restaurants begroeten je van onder de sterrenhemel 36.

# BEZIENSWAARDIGHEDEN

③ Het **Hendrik Conscienceplein** is een van de best bewaarde geheimen van Antwerpen. Op zonnige dagen zou je bijna denken dat dit pleintje ergens in Italië ligt. Onder het toeziend oog van Conscience, de man die zijn volk leerde lezen, kun je samen even uitrusten bij de fontein of genieten van een ijsje op een bankje onder een boom. Probeer ook het plein van bovenaf te bekijken vanuit de oudste bibliotheek van Antwerpen. Het lijnenpatroon zal je verbazen!
hendrik conscienceplein, tram 7 keizerstraat, 11 sint-katelijne

④ De **Sint-Carolus Borromeuskerk** ligt op het Hendrik Conscienceplein. De schitterende barokgevel alleen al trekt de aandacht van vele voorbijgangers. Aan het begin van de 17e eeuw bouwden jezuïeten deze kerk om meer mensen naar de mis te lokken. En met het prachtige interieur en de eigenzinnige bruidjes op zaterdagochtend lukt dat nog steeds. Hoor je de trouwklokken op de achtergrond?
hendrik conscienceplein 6, www.mkantwerpen.be, telefoon 0477623794, open ma-za 10.00-12.30 & 14.00-17.00, entree gratis, tram 7 keizerstraat, 11 sint-katelijne

⑦ Na bijna twintig jaar leegstand is de **Handelsbeurs** weer geopend voor publiek. Hier geniet je vooral van de 19e-eeuwse architectuur die je onmiddellijk in hogere sferen brengt. Bekijk het mooie Beursplein en de indrukwekkende zuilengalerij. Of ga romantisch dineren bij Fiera (wel even reserveren) of poseren aan de piano voor een indrukwekkende foto.
twaalfmaandenstraat, handelsbeursantwerpen.be, telefoon 0477963342, open di-zo 10.00-17.00, entree gratis, tram 4, 7 meirbrug, 3, 5, 9, 15 meir

⑩ Het is een en al pracht en praal in de gerenoveerde **Stadsfeestzaal**. Het gebouw werd na een brand in 2000 volledig hersteld volgens de originele plannen uit 1906. De imposante zaal laat je dromen over grootse feesten waarbij koppels vroeger over de dansvloer zweefden. Onder een met bladgoud versierde glazen koepel: hoe sprookjesachtig wil je het hebben? Tegenwoordig is de Stadsfeestzaal een winkelcentrum, en vormt de verbinding tussen de Meir, met de grote ketens, en de boetieks van Hopland.
meir 78, hopland 31, www.stadsfeestzaal.com, telefoon 032023100, open ma-do & za 8.00-20.00, vr 8.00-21.00, tram 3, 5, 9, 15 meir

4

3

4

# ETEN & DRINKEN

① Uitgebreid ontbijten met je lief: wie droomt daar nou niet van? **Bubble Waffle** is daarvoor de perfecte plek. Naast heerlijke zoete en hartige wafels hebben ze ook gezonde ontbijtbowls, *American pancakes* en een lunchkaart met prachtige salades en toasts. Alles ziet er tot in de puntjes verzorgd uit. Foodie-koppels vullen hier dus niet alleen hun buik, maar ook hun Instagram.
wijngaardbrug 2, bubblewaffle.be, telefoon 0477263611, open ma & do-vr 10.00-17.00, za-zo 9.00-18.00, prijs ontbijt € 12, tram 7 keizerstraat, 11 sint-katelijne

② Op het mooie Hendrik Conscienceplein vind je **Salon de Thé Claude**. Bij dit charmante adresje bestel je je kopje thee samen met de lekkerste scones met *cream & jam*, macarons, sandwiches en taartjes en dat in een *very British* interieur. Deze romantische afternoon tea reserveer je een dag van tevoren.
hendrik conscienceplein 5, www.salondetheclaude.be, telefoon 032370501, open wo-vr 12.00-18.00, za-zo 10.00-18.00, prijs afternoon tea € 35, tram 7 keizerstraat, 11 sint-katelijne

⑥ In 2013 begon Maurice als knitwearlabel, met handgebreide items gemaakt door Véronique en haar brei-omaatjes. Nog altijd komen ze wekelijks samen om te breien in **Maurice Bar** en ondertussen zijn zowel het fashionlabel als de bijbehorende bar flink uitgebreid. Let even goed op, want deze brunchbar ligt in een verbouwd kapelletje dat al zijn authentieke charmes heeft behouden. De ideale plaats voor een gezond, knus én lekker ontbijt. Als het mooi weer is, kun je lekker op de binnenplaats genieten van een tartine, *healthy* salade of pannenkoek met vers fruit.
korte nieuwstraat 22, www.mauricebar.be, telefoon 032956227, open di-vr 9.00-17.00, za 10.00-18.00, zo 10.00-13.00, prijs ontbijt € 18,50, tram 11 melkmarkt

⑧ **Fiera** is een kwaliteitsrestaurant waar je jouw geliefde met een unieke *dining experience* kunt verrassen. Chefs Andy De Cremer en Davide Mazzoni koken pure en eerlijke gerechten met invloeden van over de hele wereld. Het restaurant ligt binnen in de vernieuwde Handelsbeurs, die met zijn majestueuze architectuur elk romantisch hart laat smelten. Als je geluk hebt, kun je reserveren voor 'Handelsbeurs by night', waarbij je dineert onder de neogotische bogen van de Handelsbeurs én kunt genieten van livemuziek.
lange nieuwstraat 14, fiera.be, telefoon 033692332, open di-zo 12.00-0.00, prijs menu € 120, tram 11 sint-katelijne

⑫ Een meer bruisende locatie dan **Grand Café Horta** zul je niet vinden. Het is een plek met allure om te lunchen of dineren, inclusief chic geklede obers. Op de kaart staan gerechten als *steak tartare* en mosselen met witte wijn, maar ook enkele goede pasta's. De metalen gebinten van het Brusselse Volkshuis van art-nouveau-architect Victor Horta zijn in het gebouw verwerkt, vandaar de naam. Het zonnige terras is de ultieme plek om de locals en toeristen van dichtbij te bekijken. Genoeg voer voor gespreksstof met je tafelgenoot! Je kunt hier het beste reserveren.
hopland 2, www.grandcafehorta.be, telefoon 032035660, open ma-vr 10.00-22.00, za-zo 9.00-22.00, prijs € 27,50, tram 3, 5, 9, 15 meir

⑯ **Domestic** is niet zomaar een bakkerij. Je koopt er de beste Franse stokbroden, de smeuïgste croissants en de waanzinnigste taartjes van de hand van een top-patissier. Je kunt er afhalen of eindeloos lang blijven hangen en smullen.

Boven is er een tearoom met fluweelroze zetels en achterin is er een verwarmd binnenplaatsje. Een leuke plek om heerlijke hapjes van elkaars taartje te proeven.
lange gasthuisstraat 5, www.domestic-bakkerij.be, telefoon 035000568, open di-za 8.30-18.00, prijs broodje € 7, tram 4, 7 oudaan

(18) Roger van Damme is in de culinaire wereld een buitenbeentje. Een carrière van chef-patissier tot sterrenchef is een ongewoon parcours. Zo startte hij **Het Gebaar**, een klasserestaurant waar je naast de Antwerpse Botaniek heerlijk kunt lunchen en desserts kunt proeven. Elk element wordt met zorg op de borden gelegd en de gerechten zijn echte kunstwerken. Tip: wandel even door de in 1825 aangelegde hortus botanicus voor extra romantische vibes.
leopoldstraat 24, www.hetgebaar.be, telefoon 032323710, open ma-vr 11.00-18.00, prijs menu € 85, tram 4, 7 mechelseplein

(20) Bij **Felfel** kun je de hele dag door samen genieten van de heerlijke Libanese keuken en lekkere koffie. Bestel wat kleinere mediterrane gerechtjes om samen te delen, zoals falafel, hummus, shakshuka of frisse salades met een vers geperst sapje. Kleurrijke borden vol lekkers op tafel, een fris en modern interieur met authentieke elementen én het liefste gezelschap: meer heb je niet nodig, toch?
mechelsesteenweg 37, fb felfelantwerpen, telefoon 032946240, open dagelijks 10.00-22.00, prijs kleine gerechtjes € 7-€ 15, tram 7 van bree

(21) Samen van een lekker ijsje genieten? Van het huisgemaakte schepijs van **Montebello** wil je vast en zeker alle smaken proberen! Naast ijsjes kun je er ook verse sapjes krijgen. Fijn om te weten: ze doen hier hun uiterste best om zo min mogelijk afval te produceren. De hele zaak heeft maar één afvalzak per maand.
montebellostraat 5, montebello5.be, telefoon 0496270717, open ma & do 16.00-20.00, di 16.00-19.30, wo & vr-zo 14.00-20.00, prijs ijsje € 2-€ 5, tram 7 van bree

(22) Wie stijlvol wil aperitieven, moet naar **Art Bar**. In deze intieme bar bestel je goede wijn of cocktails met fingerfood erbij. Eigenaars Steven en Sasha verzamelen er ook fantastisch mooie kunstobjecten – van schilderijen tot tiara's

22

28

26

2

35

23

6

20

en koffietafeltjes. De objecten die je er ziet staan, kun je bovendien ook kopen. Wie weet vind je wel een mooi item voor je interieur!

mechelsesteenweg 113, www.art-bar.be, telefoon 0479463101, open wo & zo 16.00-22.00, do-za 16.00-23.00, prijs € 4, tram 7 gounod

(23) **nives** heeft zijn intrek genomen in de 19e-eeuwse feestzaal en orangerie in het Harmoniepark. De setting is zo idyllisch en groen dat je hier vast even wilt blijven hangen. Naast een uitstekende bakkerij is het ook een lunch-, brunch- en apéro-plaats die de buurt weer laat bloeien als nooit tevoren. Bestel dus wat hapjes (mét zuurdesembrood) en geniet van de mooie omgeving en elkaars gezelschap.

harmoniestraat 25b, fb nivesantwerpen, telefoon 032956256, open ma-wo 8.30-17.00, do-vr 8.30-22.00, za 9.30-22.00, prijs apéro-hapje € 5, tram 2, 6, 7, 15 harmonie

(26) **Black Smoke** is een restaurant voor echte vleesliefhebbers. Op het dakterras serveren ze fantastische barbecuegerechten. Hier maak je barbecueën romantisch met een vleesgerecht voor twee, bijvoorbeeld de *pulled perfection plate*. Regelmatig draaien dj's er relaxte muziek en je krijgt er ook nog eens een prachtig uitzicht bij. Slecht weer? Dan openen ze de bar op de eerste verdieping. Het restaurant heeft een coole industriële sfeer.

boomgaardstraat 1, blacksmoke.be, telefoon 032307573, open wo-zo 15.00-1.00, prijs pulled perfection plate voor twee € 48, tram 7, 15 de merode

(28) In een mooi hoekpand zit **Bar Vert**, een adresje waar de Antwerpse locals komen ontbijten, lunchen of uren blijven zitten en kletsen met een kop koffie of een glaasje cava erbij. Hun flatbreads zijn echt *to die for*. Probeer bijvoorbeeld die met prosciutto, artisjokcrème en courgette. Ze hebben een zalig terras dat bij mooi weer zonovergoten is.

helenalei 2-4, fb lunchbarvert, telefoon 032974188, open dagelijks 10.00-17.00, prijs € 8, tram 4 cuperus, bus 30 a. grisarstraat

(29) **August** zit in een oud Augustijnenklooster dat is omgebouwd tot een werkelijk prachtig restaurant met bar en hotel. Een mooie plek om romantisch te dineren. Chef Pieter Starmans verzorgt de keuken, onder leiding van topchef Nick Bril. Ze werden in 2020 de beste nieuwkomer van gids *GaultMillau*

Reserveren is zeker aan te raden, al kun je altijd proberen een plekje aan de bar of op de ruime binnenplaats te bemachtigen. Ook de *bar bites* zijn zeker de moeite waard!

jules bordetstraat 5, www.august-antwerp.com, telefoon 035008080, open di-wo 18.00-22.00, do-za 12.00-13.30 & 18.00-22.00, prijs kleine gerechtjes € 15-€ 26, cocktails € 15, tram 4 lamorinièrestraat, bus 30 van luppenstraat

(30) Als je eens decadent intiem wilt dineren, is **The Jane** de place to be. Dit wereldberoemde tweesterrenrestaurant wordt gerund door chef Nick Bril. Het is gevestigd in de vroegere kapel van de militaire kazerne en het door Piet Boon ontworpen interieur is verbluffend. De blikvanger: een kroonluchter van 800 kilo met 150 lichtpunten. Een etentje hier is zeker niet goedkoop, maar zo'n bijzondere avond met je geliefde is toch onbetaalbaar?! Reserveren is een must.

paradeplein 1, www.thejaneantwerp.com, telefoon 038084465, open do-zo 12.00-17.00 & 18.30-0.30, prijs menu € 215, bijpassend wijnarrangement € 125, tram 4 lamorinièrestraat, bus 30 van luppenstraat

(32) Een bezoekje aan **Racine** wordt zeker liefde op het eerste gezicht. Hun ruime en zonnige terras leent zich perfect voor luie namiddagen. Een heerlijke lunch, gezonde salade, sandwiches of lekkere natuurwijn nuttigen: het kan hier allemaal. Ze verkopen ook vers brood van kwaliteitsbakker Toon de Klerck en lekkere, lokale Antwerpse producten zoals de confituur van Puur Geluk en de chocolade van Coup de Chocolat. Zo kun je die geluksmomentjes ook thuis nog even vasthouden.

regine beerplein 1, www.racinepakt.be, telefoon 0468178280, open ma & zo 12.00-16.00, do-za 12.00-20.00, prijs € 14, tram 4 lamorinièrestraat, bus 30 van luppenstraat

(33) **Caffènation** heeft een nieuwe vestiging in PAKT, waar je urenlang kunt genieten van heerlijke koffie. Eigenaar Rob startte jaren geleden een gezellige koffiebar om voor zijn klanten een tweede thuis te worden, maar dan met betere koffie. Inmiddels is het Caffènations missie om de wereld van koffie echt te veranderen. Hier weet je dus zeker dat je eerlijke koffie drinkt met een ethisch verantwoorde oorsprong. Zullen we nóg maar een kopje doen?

lamorinièrestraat 161, caffenation.be, telefoon 035012292, open ma-vr 8.00-17.00, za-zo 10.00-16.00, prijs koffie € 4, tram 4 lamorinièrestraat, bus 30 van luppenstraat

(35) Voor wie graag vis eet, is bistro **Dôme sur Mer** een echte aanrader. Je eet er überverse gegrilde vis en de lekkerste schaal- en schelpdieren. Alles wordt *à la plancha* bereid in hun open keukentje in het midden van het restaurant. Reserveer dus een plek aan de toog als je de chef graag aan het werk ziet. Tip: bestel samen een schaal vol oesters, ze worden voor je neus geopend. Het interieur is simpel maar chic en heeft een muuraquarium vol goudvisjes als eyecatcher. *Sweet tooth?* Naast Dôme sur Mer zit nog een vestiging van Domestic, de fantastische bakkerij die ook een locatie in het centrum heeft.
arendstraat 1, www.domeweb.be, telefoon 032817433, open ma-vr & zo 12.00-14.00 & 18.00-23.00, za 18.00-23.00, prijs € 35, tram 11 dageraadplaats

# SHOPPEN

(5) **Goudsmederij Wim Meeussen** staat bekend om zijn natuurlijk ogende sieraden. Een leuk idee voor *lovebirds*: laat hier je romantische citytrip vereeuwigen in de vorm van een gouden of zilveren aandenken. Alles wordt door de

34

meester zelf in zijn lokale atelier vervaardigd. Alleen al het prachtige art-nouveau-pand van de winkel laat menig hart sneller kloppen.
wijngaardstraat 11, www.wimmeeussen.be, telefoon 032321913, open wo-za 11.00-18.00, tram 7 keizerstraat, 11 sint-katelijne

⑨ De **Meir** is de allergrootste winkelstraat van Antwerpen, waar de meeste grote ketens een vestiging hebben. Hoewel het winkelaanbod misschien elders in de stad spannender is, geniet je hier vooral van de prachtige en rijke architectuur van de gebouwen. De historische gevels, sommige zelfs bekleed met goud en standbeelden, zijn een lust voor het oog.
meir, www.beleefantwerpen.be, tram 3, 5, 9, 15 meir

⑪ **Luddites Books & Wine** combineert, zoals de naam het zelf zegt, boeken en wijn. Beneden vind je een uitgebreide kinderafdeling, een Engelstalige afdeling en nog veel meer zodat je nooit met lege handen naar huis gaat. Op de bovenverdieping is het tijd om je boek open te slaan terwijl je een heerlijk wijntje drinkt of een hapje eet. De perfecte kleine oase voor wat qualitytime.
hopland 34, luddites.be, telefoon 032985533, open wo-zo 11.00-20.00, tram 1, 3, 5, 9, 10, 15 opera

⑭ De conceptstore **Graanmarkt 13** van het stel Ilse Cornelissens en Tim Van Geloven biedt alles onder één dak: een winkel met mode, sieraden, accessoires, designobjecten en meubels, een bejubeld groenterestaurant en een prachtig appartement (ontworpen door de Belgische architect Vincent Van Duysen) dat je kunt huren voor een romantisch weekend. Een niet te missen adres dus.
graanmarkt 13, www.graanmarkt13.be, telefoon 033377992, open winkel ma-za 10.30-18.30, restaurant di-za 12.00-14.30 & 18.00-22.00, tram 4, 7 oudaan

⑮ Na Gent verovert **PIET Moodshop** nu ook Antwerpen! Je vindt er verleidelijke zijde- en droogbloemen, hippe accessoires voor jezelf en je interieur en fluffy alpacaknuffels gemaakt van echte alpacawol. Met zo'n knuffel verklaar je pas echt je liefde. Nóg meer indruk maak je met een diner bij restaurant **Grandeux**, dat in hetzelfde prachtige gebouw zit.
graanmarkt 2, www.pietmoodshop.be, telefoon 035000400, open ma-za 11.00-19.00, tram 4, 7 meirbrug, 3, 5, 9, 15 meir

(19) Ben je in een romantische bui? Bij **Bloemen van Cornelis** koop je de meest kleurrijke en eigenzinnige boeketten voor je geliefde. Cornelis is een meester in de bloemen en heeft in het verleden samengewerkt met verschillende gerenommeerde bloemisten. In zijn winkel kun je ook een originele selectie planten, potten en vazen ontdekken.
sint-jorispoort 30, www.bloemenvancornelis.be, telefoon 032939519, open di-za 10.00-18.00, tram 4, 7 mechelseplein

(27) Ga je voor je lief wat picknickhapjes halen aan de imposante vleesbalie en delicatessenbalie bij **Butcher's Store**, dan maak je beslist indruk. Dit is namelijk veel meer dan een gewone slagerij. Ze zijn gespecialiseerd in roken, pekelen en *dry aging*. Koop bijvoorbeeld wat zelfgemaakte charcuterie, ideaal om te delen. Tip: proef hun echte paradepaardje Secreto 07, een ribeye die zeven weken lang wordt gerijpt in een marinade van zeven verschillende kruiden en specerijen.
boomgaardstraat 1/3, www.thebutchersstore.com/nl, telefoon 034553944, open di-za 9.00-18.00, zo 8.30-13.00, tram 7, 15 de merode

(34) **Flanelles** is zo'n winkeltje waar vrouwen maar moeilijk de verleiding kunnen weerstaan en alles wel zouden willen kopen. De eigenaresse verkoopt alleen kleding die zij zelf ook zou dragen en ze heeft smaak. Elke collectie is kleurrijk en met gevoel voor fijne stoffen en prints. Hier kun je echt een heerlijke, uitgebreide pas-sessie houden!
regine beerplein 16, www.flanelles.be, telefoon 0497262217, open di-za 11.00-18.00, tram 4 lamorinièrestraat, bus 30 van luppenstraat

## LEUK OM TE DOEN

(13) Het **Theaterplein** bruist in het weekend van het leven. Naast de Stadsschouwburg, waar je samen nieuwe stukken ontdekt, is er op zaterdag de Exotische markt, waar je de hele wereld kunt ruiken en proeven. Veel Antwerpenaren gaan borrelen bij de oesterkraam of lunchen met vers bereide garnalenkroketjes. Struin op zondag over de Vogelenmarkt. De terrassen zitten hier meestal goed vol. Niet zonder reden: de sfeer is hier altijd top!
theaterplein, tram 1, 10, bus 13, 14 stadspark

27
DRY AGED
GECONTROLEERD,
GERIJPT
VLEES
DOOR
DE LAET & VAN HAVER
NORMANDI

11

⑰ Stadsarchitect Pierre Bourla tekende de plannen voor de neoclassicistische **Bourlaschouwburg** in 1827, maar de Belgische Revolutie stak een stokje voor de bouw. Uiteindelijk opende het Théâtre Royal Français in 1834 de deuren. Standbeelden van filosofen, dichters, componisten en schrijvers begroeten je vanaf dit prachtige halfronde gebouw. De grandeur wordt binnen voortgezet: in rode pluchen fauteuils geniet je van de voorstellingen. De Foyer is in het weekend een fijne plek voor een ontbijt of brunch voor twee.

komedieplaats 18, www.bourlaschouwburg.nu, telefoon 032335517, entree gebouw gratis, zie website voor prijzen en tijden voorstellingen, tram 4, 7 oudaan

㉔ Het **Albertpark** is een kleine en gezellige groene oase tussen al het drukke verkeer. Vlei je hier samen neer om even op adem te komen in het gras en eventueel gezellig te picknicken. Haal hiervoor wat lekkers bij Café Lucien of Bokertov aan de Karel Oomstraat. In de muziekkiosk is een ideale schuilplaats voor als het regent.

albertpark, www.antwerpen.be, entree gratis, tram 2, 6, 7, 15 harmonie

(25) Vertrek niet uit Antwerpen zonder een (of twee of drie) perfect getapt(e) 'bolleke(s)' **De Koninck** geproefd te hebben. Het fantastisch lekkere bier (nee, wij Antwerpenaren hebben echt geen 'dikke nek') kreeg zijn naam vanwege het ronde glas waarin het geserveerd wordt. Plan vooraleer je samen gaat proeven een interactieve tour in de **Stadsbrouwerij**, het toppunt van romantiek voor echte bierliefhebbers. 100 meter verderop ontdek je een terugkerende hippe zomerbar op een gezellig binnenplein (Boomgaardstraat 17).
mechelsesteenweg 291, www.dekoninck.be, telefoon 038669690, open di-zo 11.00-19.00, prijs brouwerijtour € 14, tram 7, 15 de merode

(31) In 2006 werden de broers Ismail en Yusuf Yaman en Stefan Bostoen verliefd op een stel oude pakhuizen. Ze startten er een initiatief voor creatieve ondernemers en stadsboeren: **PAKT**. Inmiddels hebben tal van bedrijven en horecazaken zich gesetteld in de hippe buurt die ontstond tussen het hart van Antwerpen en het oude militair hospitaal (nu het Groen Kwartier). Hier kun je terecht voor leuke activiteiten zoals rooftop yoga of gewoon genieten van de binnenplaats: een groene en dromerige oase om samen een luie middag door te brengen.
regine beerplein 1, www.pakt-antwerpen.be, telefoon 0483596498, tram 4 lamorinièrestraat

(36) De **Dageraadplaats** is misschien wel het gezelligste plein in de omgeving. Het biedt voor elk wat wils: een speeltuin en basketbalterrein voor de jongsten en leuke terrasjes voor hun ouders. Dit alles beleef je 's avonds onder een prachtige, levensechte **sterrenhemel**, gevormd door duizenden ledlichtjes. Ga op zoek naar de Grote Beer en de Poolster.
dageraadplaats, tram 11 dageraadplaats

# ROUTE 2

## ANTWERPEN ARTISTIEK

### IN HET KORT

Antwerpen Artistiek leidt je langs de meest prikkelende adresjes. Kunst met een grote K wordt afgewisseld met originele shops en coole hotspots voor foodies. Naast de bekendere musea kom je langs tal van verborgen bezienswaardigheden en plaatsen waar jij je helemaal als een local voelt. Iedereen vindt hier wel iets van zijn gading, of zoals we in Antwerpen zeggen: 'van zijne meug'.

### OVER DE ROUTE

Creatievelingen zitten helemaal goed op **Nieuw Zuid** en in de **Modewijk**. Op de route passeer je een heleboel musea zoals **FOMU**, **Museum van Hedendaagse Kunst Antwerpen**, **DIVA** en het **Snijders&Rockoxhuis**: een interessante mix tussen hedendaagse musea en de geschiedenis van Antwerpen. Ook loop je langs tal van bezienswaardigheden die vast en zeker kunst mogen heten. De **schoenschraper in de Aalmoezenierstraat** is een verborgen parel die je gezien moet hebben.

Wie zich echt in kunst wil onderdompelen, kan zijn hart ophalen bij diverse galeries. Op Nieuw Zuid vind je de galeries van **Tim Van Laere** en **Sofie van De Velde**, die kunst van hoog niveau aanbieden. Ook bij **Galerie De Zwarte Panter** en in de **Wolstraat** vind je beslist wat spannends.

Shoppen is op deze route nét wat origineler dan je gewend bent. Kunst, vintage kleding, duurzame mode, Antwerps design en tijdloze sieraden vind je bij winkels als **Think Twice**, **F.A.A.M** en **Studio Collect**. Antwerpen is een modestad en dat is maar wat duidelijk tijdens deze wandeling. Voor een originele touch aan je interieur wandel je verder langs de antiekwinkels in de **Kloosterstraat** en curiosashop **Steen & Been**.

Ook op culinair niveau prikkelen we al je zintuigen. Begin de dag met een heerlijk ontbijt bij **Butchers Coffee** en je wordt meteen nieuwsgierig naar meer. Kies voor de meest authentieke plaatsen in Antwerpen, bijvoorbeeld met livemuziek zoals bij **Café Hopper**, of ga juist voor moderne, soms volledig vegan adressen zoals **Marvin**. Op de **Marnixplaats** vind je verschillende leuke eetplekken.

**MEER ONTDEKKEN?** 5 TIPS BUITEN DE ROUTE:
**MIDDELHEIMMUSEUM + CINEMA CARTOON'S + DE ROMA + CENTERS BORGERHOUT + CIRCUIT ANTWERPEN**

LEGENDA
>> BEZIENSWAARDIGHEDEN
>> ETEN & DRINKEN
>> SHOPPEN
>> LEUK OM TE DOEN
Scheepvaart-museum
Het Steen
Vleesh
ROUTE 4
Museum De Reede
Boeienweide
DIVA
Plantin-Moretus-mus.
SINT-ANNATUNNEL
Schelde
Galgen-weel
MOLENWIJK
ROUTE 2
ROUTE 4
M HKA (Museum van Hedendaagse Kunst Antwerpen)
Fotomuseum Antwerpen
'T ZUID
Koninklijk Museum voor Schone Kunsten
START
NIEUW
BLANCEFLOERLAAN
PAUL VAN OSTAIJENLAAN
GRAEFSTRAAT
ABRAHAM VERHOEVENLAAN
PLUVIERSTRAAT
MEEUWSTRAAT
BEATRIJSLAAN
VLAAMSHOOFDLAAN
THONETLAAN
WANDELTERRAS-ZUID
ERNEST VAN DIJCKKAAI
PLANTINKAAI
SINT-MICHIELSKAAI
COCKERILLKAAI
DE GERLACHEKAAI
LEDEGANCKKAAI
KLOOSTERSTRAAT
NATIONALESTRAAT
PREKERSSTRAAT
RIEMSTRAAT
WILLEM LEPELSTRAAT
KRONENBURGSTRAAT
SCHELDESTRAAT
VOLKSTRAAT
KAREL ROGIERSTRAAT
SCHILDERSSTRAAT
GEUZENSTRAAT
DE VRIÈRESTRAAT
VLAAMSEKAAI
WAALSEKAAI
VERSCHANSINGSTR.
KASTEELSTRAAT
LEOPOLD DE WAELSTRAAT
GRAAF VAN HOORNESTRAAT
PACIFICATIESTRAAT
AMERIKALEI
JAN VAN GENTSTRAAT
VAN DER SWEEPSTRAAT
SCHALIËNSTRAAT
NAMENSTRAAT
VERVIERSSTRAAT
TIMMERWERFSTRAAT
LEUVENSTRAAT
LUIKSTRAAT
VERLATSTRAAT
DE BURBURESTRAAT
GRAAF VAN EGMONTSTRAAT
MUNTSTRAAT
STEENHOUWERSVEST
VRIJDAGMARKT
SINT-JANSVLIET
HOOGSTR.
ZAKSTRAAT
JORDAENS
BRESSTRAAT
PALEISSTRAAT
BELEGSTRAAT
CUYLITSSTRAAT
DIERCXSENSSTRAAT

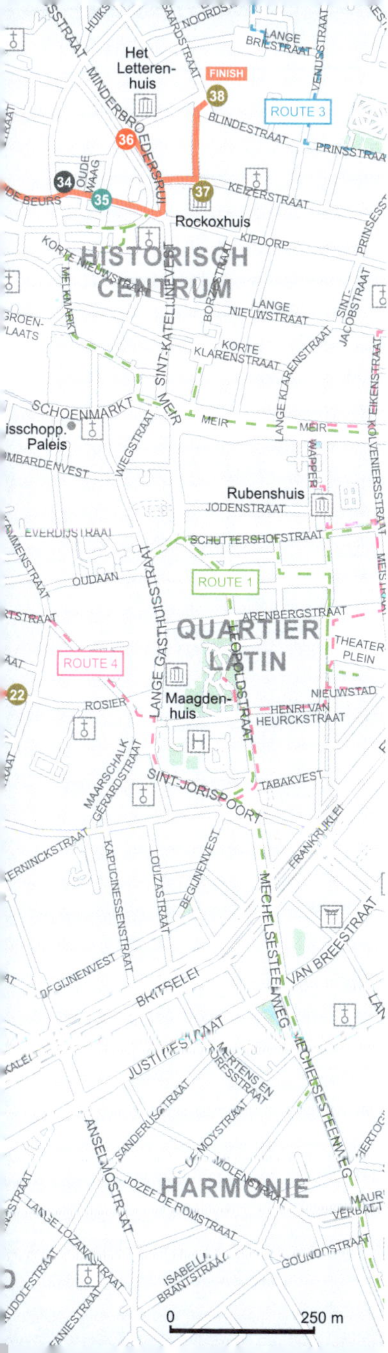


# ANTWERPEN ARTISTIEK

1. Butchers Coffee
2. Gelato Factory
3. Gallery Sofie Van de Velde
4. Tim Van Laere Gallery
5. FOMU
6. Museum van Hedendaagse Kunst Antwerpen
7. Tinsel
8. Bar Burbure
9. Café Hopper
10. Koninklijk Museum voor Schone Kunsten Antwerpen
11. Het Bootje
12. Marnixplaats
13. Enes
14. Steen en Been
15. Ann Demeulemeester
16. Staff's Kantine
17. Rewind
18. Huis Van Roosmalen
19. Antiekwinkels Kloosterstraat
20. St. Simonne
21. Kaffeenini
22. Schoenschraper in de Aalmoezenierstraat
23. Think Twice
24. F.A.A.M
25. MoMu
26. Morrison
27. Het Modepaleis
28. Marvin
29. Studio Collect
30. Galerie De Zwarte Panter
31. Hoogstraat
32. DIVA
33. Den Engel
34. Panoply Books & Records
35. Wolstraat / WM Gallery
36. Normo Coffee
37. Snijders&Rockoxhuis
38. Koninklijke Academie voor Schone Kunsten Antwerpen

# ROUTEBESCHRIJVING 2 (ca. 7,2 km)

Start met een lekkere lunch 1 of iets verder op de route een ijsje 2. Kunstliefhebbers kunnen terecht bij galeries op het Nieuw Zuid: Sofie Van de Velde 3 en Tim Van Laere 4. Of wandel via de Waalsekaai naar het FOMU 5 en het Museum van Hedendaagse Kunst Antwerpen 6. Steek het plein over naar Tinsel 7 voor *pancakes* of kies later op de dag voor Bar Burbure 8. Livemuziek vind je bij Café Hopper 9 links op de hoek. Het imposante gebouw is het Koninklijk Museum voor Schone Kunsten Antwerpen 10. Loop linksom het museum naar de Schildersstraat voor Het Bootje 11. Loop iets terug en ga rechts de Zwijgerstraat in naar de bruisende Marnixplaats 12. Ga links de Scheldestraat in en weer linksaf om in de Volkstraat te shoppen 13 14. Op de hoek van de Leopold de Waelplaats zie je de etalage van Ann Demeulemeester 15. Eet een hapje in de Graaf van Egmontstraat 16 en ga dan interieurshoppen bij Rewind 17 of een van de vele antiekwinkels in de Kloosterstraat 19. Tussendoor werp je een blik op een architecturale parel 18 van bOb Van Reeth. Sla rechtsaf in de Korte Vlierstraat en meng je met de locals bij café St. Simonne 20 of loop door voor bagels 21. Ga linksaf de Nationalestraat in en de eerste rechts om een mini schoenschraperkunstwerk te spotten 22. Loop terug naar de Nationalestraat voor leuke winkels 23 24. In deze buurt draait alles om Antwerpse mode. Verder in de straat vind je het MoMu 25, hippe wollen truien 26 en Het Modepaleis 27. Linksaf op de Vrijdagmarkt ligt vegan lunchbar Marvin 28. Ga rechtsaf op de Steenhouwersvest voor mooie sieraden 29, weer rechtsaf voor Galerie De Zwarte Panter 30 om zo bij de bruisende Hoogstraat 31 te komen. Op het einde ligt links het museum voor diamant, juwelen en zilver DIVA 32. Na DIVA ga je rechtsaf de Kaasstraat in. Ga rechts onder de huizen door en je ziet het mooie Leonie Glassplein. Loop door naar de Grote Markt voor een pintje bij Den Engel 33. Ga linksaf in de Wisselstraat en neem de volgende straat rechts. De authentieke Oude Beurs leidt naar Panoply Books & Records 34 in de Wolstraat 35, waar je ook verschillende galeries zoals WM Gallery vindt. Koffie haal je links in de Minderbroedersrui bij Normo 36. Loop terug en ga linksaf voor wat geschiedenis in de Keizerstraat 37 of loop door naar de KASKA 38, waar de kunststudenten vaak leuke expo's houden.

koartje
oet Stad

# BEZIENSWAARDIGHEDEN

(5) Het **FOMU** (Fotomuseum Antwerpen) is een van de mooiste musea van Antwerpen. Je ziet er werk van bekende en minder bekende fotografen. Kunstfotografie, persfotografie en zelfs misdaadfotografie kom je tegen in de verrassende tentoonstellingen.
waalsekaai 47, www.fomu.be, telefoon 032429300, open di-zo 10.00-18.00, entree € 10, tram 4 pacificatie

(6) Het **Museum van Hedendaagse Kunst Antwerpen** (M HKA) presenteert kunst uit de jaren 70 tot nu. Er zijn regelmatig wisselende tentoonstellingen. Je komt hier van alles tegen: foto's, hoorspelen, muziek en sculpturen. Eigenlijk kun je het zo gek niet bedenken of M HKA heeft het in huis. Je kunt het hele jaar door terecht op het dakterras om iets te drinken. Hier wil je niet meer weg!
leuvenstraat 32, www.muhka.be, telefoon 032609999, open di-zo 11.00-18.00, entree € 12, tram 4 museum

(10) Het imposante gebouw van het **Koninklijk Museum voor Schone Kunsten Antwerpen** (KMSKA) dwingt respect af, want hier hangt het werk van de grootste schilders uit de Lage Landen. Het museum is momenteel gesloten, maar de collectie wordt uitgeleend en reist rond. Een zwoele zomeravond in de stad? Dan komen de Antwerpenaren samen op de trappen voor het gebouw. Vanaf hier kun je de Diepe Fontein van Cristina Iglesias bewonderen: de 'fontein der traagheid' loopt in twintig minuten vol en weer leeg.
leopold de waelplaats 2, www.kmska.be, telefoon 032249550, zie website voor tijden en prijzen tentoonstellingen, tram 4 museum

(11) Als je een rondje om het Museum voor Schone Kunsten Antwerpen wandelt, trekt je blik vast naar het art-nouveauhuis De Vijf Werelddelen. In dit kleine hoekgebouw komt een schip uit de gevel. Daarom staat het in de volksmond ook wel bekend als **Het Bootje**. De opdrachtgever en toenmalige eigenaar van het gebouw was, niet verwonderlijk, een reparateur van houten boten.
hoekhuis schildersstraat 2, niet geopend voor publiek, tram 1, 10 bres, 4 museum

HK

(10)

(18) Het **Huis Van Roosmalen**, op de hoek van de Sint-Michielskaai en de Goedehoopstraat, is in 1985 ontworpen door de Belgische architect bOb van Reeth. De postmodernistische stadsvilla zorgde ervoor dat de verwaarloosde Scheldekaaien weer gewaardeerd werden als woongebied en zette de toon voor een nieuw type architectuur in Antwerpen. Het karakteristieke, zwart-wit gelaagde gebouw is samen met het eveneens door Van Reeth ontworpen Zuiderterras (dat nu de naam RAS draagt) iconisch geworden.

goedehoopstraat 1, niet geopend voor publiek, tram 4 tropisch instituut

(22) Vroeger werden schoenschrapers in de gevel gebruikt om – het woord zegt het al – modder en vuil van schoenzolen te schrapen. In het begin van de 20e eeuw waren ze heel populair bij statige herenhuizen. Sinds de komst van de deurmat werden ze vergeten. Tot kunstenares Elke Lemmens besloot om de schoenschrapers nieuw leven in te blazen en er miniatuurtaferelen in te plaatsen. Zoek naar de **schoenschraper in de Aalmoezenierstraat**, waar je dicht bij een voordeur zo'n klein magisch kunstwerkje kunt vinden.

aalmoezenierstraat 77, fb verwonderendevoetschrapers, tram 4, 7 mechelseplein

(25) Fashionista's móéten naar **MoMu** (ModeMuseum). Naast de wisselende expo's kun je er vanaf nu ook doorlopend terecht voor de collectiepresentatie die de Belgische avant-garde en internationale mode belicht. Deze presentatie wordt regelmatig gewisseld, want MoMu kan putten uit een indrukwekkende vaste collectie van 33.000 stuks. De bekende Antwerpse Modeacademie zit ook in dit gebouw. Vergeet niet bij aankomst of vertrek even de collectie van boekhandel Copyright te bekijken. MoMu is recentelijk helemaal gerenoveerd en is klaar voor de toekomst.

nationalestraat 28, www.momu.be, telefoon 034702770, open di-zo 10.00-18.00, entree € 12, tram 4 sint-andries

(32) **DIVA**, een samensmelting van het vroegere Diamant- en Zilvermuseum, is een interactief museum waarin je alle facetten van edelsmeedkunst, juwelen en – waar Antwerpen zo bekend om staat – diamant ontdekt. DIVA is een museum met veel 'doe-elementen'. Een audiotour leidt je door kamers met verschillende thema's. Eén ding is zeker: alles ziet er hier meer dan schitterend uit.

suikerrui 17-19, www.divaantwerp.be, telefoon 033605253, open ma-di & do-zo 10.00-18.00, entree € 12, tram 3, 4, 5, 9, 15 groenplaats

(37) Nicolaas Rockox was ooit burgemeester van Antwerpen én een fervent kunstliefhebber. Hij woonde sinds 1603 met zijn vrouw Adriana Perez in het stadspaleis dat nu onderdeel is van het **Snijders&Rockoxhuis**. In de naastgelegen patriciërswoning huisden sinds 1622 kunstschilder Frans Snijders en zijn echtgenote. In beide huizen kun je het interieur en de kunst uit de tijd van toen ontdekken. Naast deze vaste collectie zijn er ook steeds wisselende tentoonstellingen te zien.

keizerstraat 12, www.snijdersrockoxhuis.be, telefoon 032019250, open di-zo 10.00-17.00, entree € 10, tram 7 keizerstraat

(38) Naast (kunst)opleidingen volgen, kun je bij de **Koninklijke Academie voor Schone Kunsten Antwerpen** (KASKA) ook geweldige tentoonstellingen bezoeken. De exposities zijn een ideale manier om de vinger aan de pols te houden op het gebied van jong en creatief talent. De jaarlijkse SHOW van de befaamde Modeafdeling en de expo van masterstudenten mag je zeker niet

missen. Wanneer de poorten open staan kun je een kijkje nemen in de tuin, een prachtige stadsoase waar je even lekker uit kunt rusten.
mutsaardstraat 31, www.royalacademyantwerp.be, telefoon 032137100, zie website voor programma, tram 7 klapdorp

# ETEN & DRINKEN

① Nadat barista's Dave en Paolo in koffiebars over de hele wereld gewerkt hadden, besloten ze hun eigen zaak te openen vlak bij het Justitiepaleis van Antwerpen. Ze transformeerden een oude slagerij tot koffiebar, doopten het **Butchers Coffee** en serveren er nu heerlijke kopjes koffie. Laat je ook verbluffen door de inventieve gerechten die ze steeds weer op tafel toveren. Dit is vast en zeker een van de hipste lunchplekjes in Antwerpen.
kasteelstraat 57, butcherscoffee.be, telefoon 033349193, open ma-vr 8.00-16.00, za-zo 9.00-17.00, prijs koffie € 3, tram 1 montigny

② Een Antwerpse veertiger wilde zijn leven over een andere boeg gooien en volgde in Italië een cursus *gelato* maken. Enkele maanden later werd **Gelato Factory** geboren op het Antwerpse Zuid. Je proeft er de liefde voor het ambacht en de verse producten. Het is de ideale stopplaats tijdens een wandeling door de stad. Hou je het liever gezond? Dan kun je aan de overkant van de straat naar Jus Jus voor een *slow pressed juice* (*www.jusjus.be*).
verschansingstraat 57, www.gelatofactory.be, telefoon 0473815333, open dagelijks 14.00-23.00, prijs ijsje € 4, tram 1 montigny, 4 museum

⑦ Van het brood tot de taarten en de waterijsjes: eigenaresse Tine maakt álles zelf. Je bestelling wordt ter plekke bereid. Hierdoor moet je bij **Tinsel** soms wat langer wachten, maar dan is alles ook kraakvers. Geniet van een ontbijt van pannenkoeken met blauwe bessen of yoghurt met huisgemaakte granola. Lunchen doe je met een stevige boterham of een salade met een stuk quiche. Er is een leuk terras, waar je eindeloos kunt blijven hangen.
vlaamsekaai 40, www.tinsel.be, open ma & wo-vr 8.30-17.00, za-zo 9.00-17.00, prijs sandwich € 10,80, tram 4 museum

36
Kormo
TE KOOP

21

21

(8) Borrelen doe je bij **Bar Burbure** op het Antwerpse Zuid. Eigenaar Jurgen Lijcops droomde ervan een echt goede bar te beginnen. Eentje met een werelds karakter, zoals je ze vindt in Londen, Milaan of New York. Verwacht dus een stijlvol interieur, perfect geshakete drankjes en gratis fingerfood in de vooravond. De moeite!

vlaamsekaai 41, www.barburbure.be, open di-za 16.00-1.00, prijs cocktail € 15, tram 4 museum

(9) Al bijna dertig jaar een begrip op hett Antwerpse Zuid: **Café Hopper**. Wie dol is op jazz, loopt hier de deur plat. Er zijn regelmatig optredens en je kunt er ook bekende Vlamingen spotten.

leopold de waelstraat 2, www.cafehopper.be, telefoon 032484933, open 10.00-22.00, prijs drankje € 4, tram 4 museum

(12) Op de gezellige **Marnixplaats**, een pleintje waar de terrassen altijd afgeladen vol zitten, vind je allerlei lekkere restaurantjes zoals Fiskebar, Takumi en TIO. Ook zitten er populaire cafés als Café Baron en Vitrin. Van 's ochtends vroeg tot

's avonds laat is hier altijd ambiance. De sfeer opsnuiven en kijken naar de zonsondergang boven het prachtige plein is echt een must bij je bezoek!
marnixplaats, tram 4 museum

(16) Een avond bij **Staff's Kantine**, vernoemd naar het zoontje van chef-kok Tom, is een beetje als thuiskomen: de uitgebreide kaart staat vol met grootmoeders klassiekers. Het interieur met vintagemeubels, kaarsjes en zacht gedimd licht zorgt voor een warme, gezellige sfeer. Een aanrader voor een inspirerende avond.
graaf van egmontstraat 19, fb staffskantine, telefoon 032936381, open di-za 18.00-22.00, prijs € 20, tram 4 tropisch instituut

(20) Brunch, lunch en *sharing* pizza met regelmatig livemuziek op de achtergrond vind je bij **St. Simonne**. Dit hippe buurtcafé op het gezellige plein Sint-Andries geeft de sfeer van deze volksbuurt perfect weer. Geen poespas, maar lekker toegankelijk voor iedereen. Je kunt er zelfs je brood kopen! Op de andere hoek van het plein vind je café Beestenbos. Tijd voor een kroegentocht?
sint-andriesplaats 6, fb st.simonne, telefoon 0497399929, open dagelijks 9.00-1.00, prijs brunch € 12,50, tram 4 sint-andries

(21) Lekker ontbijten in de Modewijk doe je bij het hippe **Kaffeenini**. Ze serveren vooral veel soorten bagels, met bijzondere namen zoals 'Bill B' en 'Popeye'. Niet jouw ding? Er zijn ook andere broodjes, yoghurt met granola en omeletten te krijgen.
nationalestraat 114a, www.kaffeenini.be, telefoon 032318357, open ma-za 9.00-18.00, zo 9.00-17.00, prijs bagel € 8, tram 4 tropisch instituut

(28) Bij **Marvin**, de allernieuwste lunchbar op de Vrijdagmarkt, is alles honderd procent *cruelty free*. Alle gerechten op het menu zijn vegan, vol smaak en gemaakt met lokale ingrediënten en seizoensproducten. Als het zonnetje schijnt, zijn ze ook open op zondag. Tip: volg hen zeker op Instagram (@marvin_earth) voor de lekker makende foto's van hun gerechten.
vrijdagmarkt 5, www.marvin-vegan.com, telefoon 0475609980, open do-za 12.00-16.00, zo bij mooi weer, tram 3, 4, 5, 9, 15 groenplaats

(33) Van politicus tot vuilnisman en van student tot toerist: in **Den Engel** kom je heel Antwerpen tegen. Iedereen weet dat je hier het lekkerste, typisch Antwerpse 'Bolleke van 't Stad' kunt drinken en nooit om een praatje verlegen hoeft te zitten. Een klassieker onder de Antwerpse kroegen.
grote markt 3, fb café-den-engel, telefoon 032331252, open ma-vr 9.00-1.00, za-zo 9.00-3.00, prijs drankje € 2, tram 3, 4, 5, 9, 15 groenplaats

(36) **Normo Coffee** is zo'n koffiebar waar alles klopt: het vintage en samengeraapte interieur dat je een thuisgevoel geeft, de relaxte sfeer en vooral de geur van zelfgebrande bonen waarmee de heerlijkste koffie bereid wordt.
minderbroedersrui 30, www.normocoffee.be, telefoon 0495657243, open ma-za 8.30-17.00, prijs koffie € 5, tram 7 keizerstraat

# SHOPPEN

(13) Bij multimerkenwinkel **Enes** verkopen ze naast een heleboel prachtige kleding (zowel internationale als Belgische merken) ook beautyproducten, boeken en accessoires. Ze hebben er een bar, een patio en drie gastenkamers. Ideaal dus als je wilt overnachten op het hippe Antwerpse Zuid. Het interieur van de winkel en de kamers werden onder handen genomen door architect Gert Voorjans, die het herenhuis tot een werkelijk pareltje transformeerde.
volkstraat 58, www.enes.be, telefoon 032274693, open ma 11.00-18.00, wo-do 10.00-18.00, vr-za 10.00-18.30, zo 13.00-18.00, tram 4 museum

(14) Al lang voor het verzamelen van skeletten, opgezette vlinders en koralen een hype werd, kon je ervoor terecht bij het schitterende rariteitenwinkeltje **Steen en Been**. De eigenaar is erg sympathiek en weet alles te vertellen over dieren en mineralen. De etalage alleen al is de moeite om even naar te blijven staren, maar ga zeker ook naar binnen om er een imposant stuk voor in je interieur te scoren. Neem cash mee, want ze aanvaarden geen betaalkaarten.
volkstraat 59, www.steenenbeen.be, telefoon 032372522, open di & do-za 11.00-18.00, tram 4 museum

24
thought

17

14

27
HET MODEPALEIS
DRIES VAN NOTEN

26

13
Stairway
to more
beautiful
things.

(15) Modehuis **Ann Demeulemeester** is een van de toppers van de Antwerpse fashionwereld. Elk kledingstuk is een kunstwerk op zich en de presentatie is al even kunstig. In dit prachtige pand waarin je bijna zou verdwalen, krijgen de ontwerpen alle ruimte en aandacht die ze verdienen.

leopold de waelplaats 3, www.anndemeulemeester.be, telefoon 032160133, open ma-za 10.30-18.30, tram 1 montigny, tram 4 museum

(17) **Rewind** heeft een uniek concept: alles draait om ecodesign en hergebruik. Bestaande voorwerpen worden gecombineerd met creatieve, vernieuwende ideeën van designers. Zo wordt een jerrycan omgetoverd tot een reistrolley. Om de hoek in de Kloosterstraat (op nr. 63) vind je Play, een fantastische kinderwinkel van dezelfde eigenaars. Ook hier staat duurzaamheid op de eerste plaats, altijd gekoppeld aan een supermooi design. Je vindt er speelgoed, hippe kleren en toffe interieurspullen om een kinderkamer op te fleuren.

riemstraat 27, www.rewinddesign.be, telefoon 032967196, open wo-za 11.00-18.00, di & zo 13.00-18.00, tram 4 tropisch instituut

(19) Je kunt úren ronddwalen in de **antiekwinkels** in de **Kloosterstraat**. Van eclectische interieurs tot echt antieke stukken en bijzondere ornamenten om je kerstboom mee te versieren: werkelijk alles kun je hier vinden. Bezoek zeker Birgitte Rikers Antiques, Akanthos Ancient Art en Christel Dauwe Antiques & Ornaments. En, helemaal fijn: de winkels in de Kloosterstraat zijn ook op zondag geopend.
kloosterstraat, www.kloosterstraat.com, tram 4 sint-andries

(23) **Think Twice** is dé tweedehandswinkel waar locals komen om originele outfits te scoren. Iedereen vindt hier wel wat van zijn gading, van unieke vintage stukken tot een selectie tweedehandskleding van goede kwaliteit. Het bedrijf heeft diversiteit en duurzaamheid in het DNA en doneert ook jaarlijks aan goede doelen. Op de T2-dagen gaan de prijzen steeds wat omlaag, tot je zelfs voor 1 euro leuke koopjes kunt vinden.
nationalestraat 81, thinktwice-secondhand.be, telefoon 0470132581, open ma-za 10.00-18.00, zo 12.00-18.00, tram 4 sint-andries

(24) **F.A.A.M** staat voor hippe, duurzame en ecologische mode voor man en vrouw. De winkel brengt meerdere eigen kledingmerken samen onder één dak, allemaal ontworpen door het eigen creatieve bureau Green Queens. Zowel de stoffen als snits vinden hun oorsprong in een lokaal atelier in Antwerpen. Koop je hier een nieuwe outfit, dan ben je dus verzekerd van een unieke print én van een verantwoord productieproces.
nationalestraat 75, www.faamstore.com, telefoon 032267679, open di-za 11.00-18.00, tram 4 sint-andries

(26) Zowel dames als heren worden helemaal gelukkig als ze het kleine **Morrison**-winkeltje binnenstappen. Hier staan ze vooral bekend om hun hippe wollen truien van Shetlandwol, die de eigenaars (twee broers) naar eigen ontwerp laten maken in Ierland en Schotland. Naast truien van hun huismerk verkopen ze ook andere merken en spullen: schoenen, tassen, Stutterheim-regenjassen, sokken en sjaals bijvoorbeeld.
nationalestraat 20, www.morrison.be, telefoon 033221851, open ma-za 11.00-18.30, tram 3, 4, 5, 9, 15 groenplaats

(27) Na een grondige renovatie in de jaren 80 herrees **Het Modepaleis** in al zijn pracht en praal. Dankzij de Belgische ontwerper Dries Van Noten bleven de originele gevel en het interieur behouden. Bij iedere seizoenswisseling heeft hij een nieuwe sprookjesachtige etalage. Je shopt hier in stijl de mooiste kleren.
nationalestraat 16, www.driesvannoten.be, telefoon 034702510, open ma-za 10.00-18.30, tram 3, 4, 5, 9, 15 groenplaats

(29) Achter **Studio Collect** staan de vier powervrouwen Magaly, Hannah, Saskia en Hermien, die ooit samen studeerden aan de Koninklijke Academie voor Schone Kunsten in Antwerpen. Ze ontwerpen voornamelijk tijdloze sieraden die de creatieve spirit van Antwerpen perfect weergeven. Alles wordt gemaakt in een lokaal atelier in Borgerhout.
steenhouwersvest 13, www.studiocollect.com, telefoon 032138051, open ma & wo-za 11.00-18.00, tram 3, 4, 5, 9, 15 groenplaats

(34) Bij **Panoply Books & Records** vinden muziekliefhebbers die verborgen schatten waar ze al jaren naar zoeken. Panoply koopt en verkoopt kleine en grote collecties tweedehands boeken, vinylplaten, singles, cd's, dvd's, blu-rays, cassettes, strips, audiospelers en nog veel meer. Ga hier op zoek naar je favoriete jeugdplaten of laat je verleiden door mooie cover art.
wolstraat 1, www.panoplybooksrecords.be, telefoon 032330660, open ma-za 11.00-18.00, zo 13.00-18.00, tram 7 keizerstraat, 11 sint-katelijne

# LEUK OM TE DOEN

(3) **Gallery Sofie Van de Velde** brengt kunst met een grote K naar Nieuw Zuid. Deze ondernemende galerie neemt volop deel aan beurzen en tentoonstellingen en tilt met een sterk internationaal netwerk het werk van hun kunstenaars naar een hoger niveau. Als je graag vernieuwende kunst(installaties) bekijkt, loop je hier beslist even binnen. Kijk dan ook meteen rond bij PLUS-ONE gallery, waarmee ze het gebouw delen.
léon stynenstraat 21, sofievandevelde.be, telefoon 0478184621, open di-zo 13.00-18.00, tram 4 pacificatie

19

30

4

31

(4) **Tim Van Laere Gallery** werd in 1997 in Antwerpen geopend, en zit sinds 2019 op Nieuw Zuid. Elk jaar organiseert de galerie maar liefst zes tentoonstellingen, vaak in samenwerking met musea en andere kunstinstituten. Je vindt hier allerlei kunstvormen, van beeldhouwkunst en schilderkunst tot fotografie, video- en installatiekunst. Zowel nationaal als internationaal heeft de galerie inmiddels een stevige reputatie opgebouwd.
jos smolderenstraat 50, www.timvanlaeregallery.com, telefoon 032571417, open di-za 13.00-18.00, tram 1, 4 bolivarplaats

(30) **Galerie De Zwarte Panter** krijgt het steeds weer voor elkaar een expositie te organiseren waarvoor je eventjes stil blijft staan als je er voorbijkomt. Ga gerust naar binnen en bekijk de schilderijen of beeldhouwwerken. De galerie is erg toegankelijk voor iedereen.
hoogstraat 70-74, www.dezwartepanter.com, telefoon 032331345, open do-zo 13.30-18.00 en op afspraak, tram 3, 4, 5, 9, 15 groenplaats

(31) In de **Hoogstraat** vind je altijd leven. Zelfs op zondag zijn veel winkeltjes open. Van sushi tot wereldkeuken en van een cowboy store tot een *zero waste* shop net om de hoek: hier verveel je je nooit. Stel hier een eclectische outfit samen en nestel je op een terras om urenlang naar flanerende locals te kijken.
hoogstraat, tram 3, 4, 5, 9, 15 groenplaats

(35) De **Wolstraat** is zo'n straat die een en al creativiteit uitademt. Met antiekhandelaars en tal van galeries voel je de artistieke vibes van alle kanten. Bezoek zeker **WM Gallery** – opgericht door voormalig topantiquair Patrick Declerck – die op deze intieme locatie gerenommeerde kunstenaars tentoonstelt.
wolstraat 45, www.wmgallery.be, telefoon 0475251402, open do-zo 13.00-18.00, tram 7 keizerstraat

# ROUTE 3

## PICTURE PERFECT ANTWERPEN

### IN HET KORT

Deze route gidst je langs de meest fotogenieke plekjes in Antwerpen. Met een vliegende start bij het futuristische Havenhuis loop je langs het Museum aan de Stroom (MAS) naar de Parkbrug, het FelixArchief en Chinatown, met als kers op de taart het prachtige station. Ga ook op culinair- en shopavontuur langs de coolste koffietentjes, de beste restaurants en de hipste shops.

### OVER DE ROUTE

**'t Eilandje** is een must visit op deze picture perfect route. De lege pakhuizen, verlaten kades en afgebladderde muren van schipperscafés roepen nog steeds een gevoel van het voormalige havenleven op, en vormen een mooie achtergrond voor wat goede Instagramfoto's.

Architecte Zaha Hadid ontwierp het **Havenhuis**, dat uitkijkt op het water. Oud en nieuw zijn er op een unieke manier ineengevlochten. Een ander indrukwekkend gebouw is het **Museum aan de Stroom** (MAS). Haal je camera tevoorschijn op een zonnige dag om alle visuele effecten op deze route optimaal te benutten. De golvende glazen wanden van het MAS en de lichteffecten van de **Parkbrug** komen dan pas echt tot hun recht.

Deel je geweldige ervaringen, zoals wijnproeven bij **Vinetiq**, een karaktervolle snit bij **Chaplins Salon & Barbershop** en een dansje placeren bij authentiek café **Kiebooms** of koffiebar **Viggo's**. Inspiratie en extra *urban vibes* genoeg om jouw citytrip naar Antwerpen cool in beeld te brengen. Spring ook zeker binnen bij de **Urban Bib** om de streetart van Tourist LeMC te bewonderen en zie de zon ondergaan boven het water van de Schelde of het **Kattendijkdok**.

Alle mooie – én lekkere! – gerechtjes die je onderweg kunt eten, doen zeker niet onder voor al die ervaringen. De borden van **Cordoba**, **Pazzo** en **Otomat** vallen vast en zeker in de smaak. Nóg meer fotogenieke elementen op je route: latte art met beertjes, bruine cafés en smeuïge brownies. Verder neem je je entourage natuurlijk mee op culinair avontuur langs shops met koude-klimaat-wijnen of craftbeers en zet je je tanden in een Holy Moly *American cookie*. Hulp nodig bij het kiezen van een nieuwe outfit bij **Falcon Seamen Shop** of tweedehands luxe boetiek **Pardaf**? Je volgers helpen je vast graag!

## MEER ONTDEKKEN? 5 TIPS BUITEN DE ROUTE:

**COGELS-OSYLEI + JUSTITIEPALEIS + HANDELSBEURS + MOOY ANTWERPEN + PAKT**

START
Amerikadok
Straatsburgdok
Suezdok
Royerssluis
Kattendijkdok
Houtdok
Droogdokkenpark Belvédère
Kattendijksluis
'T EILANDJE
Kempischdok
Molen van Sint-Anneke
Red Star Line Museum
Jachthaven Linkeroever
Scheldе
Museum aan de Stroom
Umicore Zilverpaviljoen
Willemdok
Rijn- en Binnenvaartmuseum
Havenpaviljoen
Paviljoen Antwerpen Morgen
Antwerp Clue
ROUTE 3
Scheepvaartmuseum
Het Steen
ROUTE 4
Vleeshuis
Museum De Reede
Stadhuis
DIVA
Het Letterenhuis
HISTORISCH CENTRUM
Rockoxhuis
Begijnhof
Plantin-Moretus-museum
ROUTE 2
Bisschopp. Paleis
ROUTE 1
MoMu
MODEWIJK
Rubenshuis
QUARTIER LATIN

# PICTURE PERFECT ANTWERPEN

1. Havenhuis
2. Droogdokkenpark
3. Bocadero
4. Red Star Line Museum
5. Museum aan de Stroom (MAS)
6. Cordoba
7. Vinetiq
8. Cremerie Germaine
9. Black & Yellow
10. Havenrondvaart
11. Zomerbars Kattendijkdok
12. Antwerpse Brouw Compagnie
13. Chaplins Salon & Barbershop
14. Georges Espressobar
15. Parkbrug
16. FelixArchief
17. Story Bistro
18. Roest
19. Otomat
20. Falcon Seamen Shop
21. Pazzo
22. Het Bos
23. Hessenhuis
24. Cuperus Horsey
25. Holy Cookies
26. Café 't Bezemsteeltje
27. Hof van Liere
28. Kassa 4
29. Begijnhof
30. Kiebooms
31. Viggo's
32. Beerlovers Bar
33. Urban Bib
34. Chinatown
35. Pardaf
36. Centraal Station

# ROUTEBESCHRIJVING 3 (ca. 7,5 km)

Start bij het futuristische Havenhuis 1 van architecte Zaha Hadid en wandel de Oosterweelsteenweg af richting het Droogdokkenpark 2 voor een uitkijkpunt over de stad. Verderop kun je bij Bocadero 3 's zomers een terrasje pakken voor je naar het Red Star Line Museum 4 gaat. Ga linksaf, steek het water over en neem foto's op het panoramadak van het MAS 5. Op de Napoleonkaai vind je Cordoba 6 voor een lunch met zicht op het water. In de Nassaustraat proef je Belgische wijn bij Vinetiq 7, bestel je een ijsje 8 of koffie bij Black & Yellow 9. Loop richting Kattendijkdok, waar je een havenrondvaart 10 kunt maken of neerstrijkt bij een van de zomerbars en horecazaken naast het dok 11. Loop verder over de kaai voor een bezoek aan de Antwerpse Brouw Compagnie 12. Ga terug via de Kattendijkdok-Oostkaai om een hippe snit te laten knippen bij de barber 13. Maak een pitstop bij Georges Espressobar 14 onderweg naar de Parkbrug 15 via de Londenstraat. Wandel binnendoor naar het Willemdok. Geniet van het uitzicht terwijl je over de Entrepotkaai loopt en ga rechtsaf langs het water. Bezoek op de Godefriduskaai het FelixArchief 16 of ga craftbeer shoppen bij Story Bistro 17. Sla aan het eind van het dok linksaf om lekker te eten bij Roest 18 of pizzeria Otomat 19. Voel je even een zeeman bij Falcon Seamen Shop 20 en ga linksaf naar restaurant Pazzo 21. Pik een theaterstuk mee 22 en ga rechtsaf het Hessenplein op 23. Loop door naar de Hessenbrug en sla rechtsaf de Paardenmarkt op voor zelfgebrande koffie en thee 24 en de beste *American cookies* 25. Drink een pintje in heksensfeer bij Café 't Bezemsteeltje 26. Loop door de Hoornstraat, over de mooie Stadswaag naar de Lange Brilstraat. Ga rechtsaf: via de Venusstraat loop je de studentenwijk in naar het pittoreske Hof van Liere 27 met een ingang aan de Prinsstraat. Volg de straat tot aan authentiek café Kassa 4 28 en kom tot rust in het Begijnhof 29. Steek de Leien over via de Van Boendalestraat om via de Violierstraat langs het Atheneum naar het De Coninckplein te lopen. Op dit multiculturele plein vind je vaak muziek bij Kiebooms 30 en koffiebar Viggo's 31 en kun je talloze bieren proberen bij de Beerlovers Bar 32. Meer street vibes vind je bij Urban Bib 33. Via de Vanwesenbekestraat, ook wel de 'Chinese straat' genoemd 34, loop je rechts in de Gemeentestraat richting luxe tweedehandsboetiek Pardaf 35. Ga ten slotte met je nieuwe outfit foto's maken op het Centraal Station 36.

# BEZIENSWAARDIGHEDEN

(1) Wie van architectuur houdt, kan niet om het Antwerpse **Havenhuis** heen. Het gebouw bepaalt voor een belangrijk deel de skyline van de stad. De bekende architecte Zaha Hadid ontwierp dit indrukwekkende pareltje als hoofdgebouw van de haven. Je zou er een zeilschip in kunnen zien of misschien een diamant. Tijdens een rondleiding kun je het gebouw bezoeken. Hiervoor moet je wel van tevoren reserveren (*experienceantwerp.be*).

zaha hadidplein 1, www.portofantwerp.com, telefoon 032052011, rondleidingen di 18.30, za 10.00 & 14.00, prijs rondleiding € 10, tram 24 havenhuis

(4) In september 2013 opende het **Red Star Line Museum** zijn deuren. Tussen 1873 en 1934 kwamen meer dan twee miljoen Europese reizigers langs de Antwerpse haven, op weg naar New York, waar hun een nieuw leven wachtte. Het museum vertelt vooral het verhaal van de rederij en van de immigranten met audiovisuele hulpmiddelen én ouderwetse brieven en kaarten. De uitkijktoren biedt een mooi uitzicht over 't Eilandje en is gratis toegankelijk.

montevideostraat 3, www.redstarline.be, telefoon 032982770, open di-zo 10.00-17.00, entree € 10, tram 7 mas

(5) Naast de jachthaven van 't Eilandje staat het MAS, het **Museum aan de Stroom**. Hier wordt de geschiedenis van de stad, de bewoners en de haven verteld. De collectie in het museum gooit hoge ogen, maar ook het gebouw is indrukwekkend. De 60 meter hoge spiraalvormige constructie heeft een gratis toegankelijk dakterras met indrukwekkend zicht over de stad. Foodies komen hier aan hun trekken bij driesterrenzaak 't Zilte (*www.tzilte.be*).

hanzestedenplaats 1, www.mas.be, telefoon 033384400, open di-zo 10.00-17.00, entree museum € 12, bus 17 van schoonbekeplein, tram 7 mas

(15) Via de **Parkbrug** kunnen voetgangers en fietsers van 't Eilandje naar Park Spoor Noord en omgekeerd. Het is de moeite om erdoorheen te lopen: het patroon van openingen in de wand zorgt overdag voor een mooi licht- en schaduwspel. Pak dus je camera en laat je creativiteit de vrije loop! Ook 's avonds is het er indrukwekkend, want dan is de brug mooi verlicht.

italiëlei 9, tram 24 noorderplaats

1

(16) Het geheugen van Antwerpen rust in een mooi oud pakhuis dat grondig gerenoveerd is. Vroeger lag er in het Sint-Felixpakhuis tabak opgeslagen, maar tegenwoordig zit hier het **FelixArchief**: het stadsarchief. Vooral het binnenstraatje met kinderkopjes is een foto waard.
oudeleeuwenrui 29 (ook ingang godefriduskaai), www.felixarchief.be, telefoon 033389411, open di-vr 8.30-16.30, entree gratis, bus 17 felixarchief

(23) In de jaren 50 werd een verwaarloosd pakhuis ingenomen door experimentele kunstenaars. Zo ontstond de traditie van het **Hessenhuis** als ontmoetingsplek en tentoonstellingsruimte. Lange tijd was het gebouw niet meer geopend voor publiek, maar nu is er een café waar vooral de gayscene feestjes bouwt. Het Hessenhuis is een mooi voorbeeld van de pakhuizen die de havenbuurt typeren.
falconrui 73, fb hessenhuis, telefoon 032311356, open ma-do 16.00-1.00, vr 14.00-1.00, za-zo 20.00-1.00, tram 1, 24 paardenmarkt, bus 17 hessenbrug

(27) Het **Hof van Liere** of Prinsenhof is een verborgen parel in de stad. Dit 16e-eeuwse stadspaleis met binnenplaatsen, tuinen en galerijen is een ideale locatie

om jezelf in de spotlight te zetten zonder te veel photobombers om je heen. Tegenwoordig zijn de gebouwen eigendom van de Universiteit Antwerpen, maar door de eeuwen heen had het hof diverse andere bestemmingen, zoals jezuïetenkostschool, militair hospitaal en militaire kazerne.
prinsstraat 13, www.antwerpen.be, open ma-vr 9.00-16.00, entree gratis, tram 11 sint-jacob, bus 17 hessebrug

(29) Tegenwoordig schuifelen door het **Begijnhof** geen begijnen meer (alleenstaande vrouwen die kuisheid beloofden aan de katholieke kerk). Maar als de deuren openzwaaien, tref je nog steeds een serene sfeer van rust en groen, midden in de stad. De straatjes leiden naar het Sint-Catharinakerkje en de binnentuin met vijver en boomgaard. De huisjes worden nu verhuurd aan particulieren.
rodestraat 39, open dagelijks 8.00-18.00, entree gratis, tram 11 jezusstraat, 1, 24 paardenmarkt

(36) De Belgische architect Delacenserie ontwierp eind 19e eeuw het **Centraal Station**. Hij heeft zich daarbij helemaal laten gaan. De hal lijkt wel een *palazzo*, de vroegere wachtruimte (nu cafetaria) heeft iets weg van een balzaal in Versailles en de enorme perronoverkapping van staal en glas is een meesterwerk. De moderne uitbreiding heeft nog extra flair toegevoegd aan dit gebouw. Het station werd ondertussen meermaals uitgeroepen tot het mooiste ter wereld en is een bezoekje dus meer dan waard.
koningin astridplein 27, tram 2, 3, 4, 5, 6 astrid, 11, 12, 24 centraal station

# ETEN & DRINKEN

(3) Zomerbar **Bocadero** heeft officieel het grootste terras van Antwerpen, waar je soms ook in de winter terechtkunt. Vlak ernaast kun je in het restaurant Pampelonne altijd wat eten met zicht op de lichtjes van de Schelde. Vooral de zonsondergang boven de stad is hier bijzonder fotogeniek. Een bezoekje aan deze hippe bar met tropische vibes voelt dan ook een beetje als vakantie. Als kers op de taart leveren de containerliften bij de entree steevast coole foto's op.
rijnkaai 150, www.bocadero.be, telefoon 032201075, open dagelijks 12.00-23.30, prijs cocktail € 10, tram 7 mas

⑥ Een shot van je ontbijt of lunch maken met op de achtergrond het MAS en de kleine jachthaven? Dat kan bij **Cordoba**! Geniet hier van heerlijke toasts, salades en wraps, en nóg betere koffie. Een echte aanrader is de toast pastrami en in het weekend zijn er ook heerlijke pannenkoekjes en broodjes *preparé* (filet americain). Olé!
napoleonkaai 1, www.cordoba-foodbar.be, telefoon 0473853645, open ma-vr 9.00-17.00, za 10.00-16.00, prijs toast € 9, tram 7 mas, 24 londen

⑧ Voor de crème de la crème van de ijsjes moet je bij **Cremerie Germaine** zijn. De eigenaars leerden ijs draaien in Bologna en maken nu de beste ijsjes van de stad. Proef zeker hun pistache-ijs, dat gemaakt is met nootjes die ze rechtstreeks bij een Siciliaanse boer kopen. Hun ijs wordt bewaard volgens de traditionele manier, in goudkleurige *pozzetti*. Voor een leuk plaatje: de tegelvloer in de zaak komt terug in het grafische printje op de meeneembekertjes.
nassaustraat 13, www.cremeriegermaine.be, telefoon 032263795, open mrt-dec dagelijks 13.00-23.00, prijs gelato coupe € 10, tram 7 mas, 24 londen

⑨ Introduceer geel als hipste kleur op je *feed* door een bezoekje aan koffiebar **Black & Yellow**. Van de rijstpap tot de bekers en de *window art*, geel is wat de klok hier slaat. Eigenares Joke De Coninck weet niet alleen als de beste hoe je een perfecte flat white, filterkoffie of cappuccino maakt, ze heeft zelf ook een zeer succesvol Instagram-account. Leuk om te volgen op @deconinckjoke.
nassaustraat 7, www.blackandyellowcoffee.com, telefoon 0477745697, open ma-vr 9.00-16.00, zo 10.00-17.00, prijs koffie € 3, tram 7 mas, 24 londen

⑪ Elk jaar in het begin van de maand mei openen verschillende fantastische **zomerbars** naast het water aan het **Kattendijkdok**. De zonsondergang is al even geweldig als de cocktails, dus maak een foto en deel je ervaring met je volgers! Van relaxte urban vibes tot fancy loungebar, je hebt hier volop keuze. Grote kans dat je in dit zomerbar-walhalla wel even blijft plakken.
kattendijkdok-oostkaai 21b, open dagelijks 11.00-23.00, prijs drankje € 4, tram 24 cadix

⑭ Een echt goede koffiebar waar je – wanneer de zon schijnt – heerlijk mensen kunt kijken op het terras. Al is het binnen bij **Georges Espressobar** ook prima

3

31
VIGGO'S
SPECIALTY COFFEEBAR

19

11
PANIEK

28

14
Georges
Georges

19
SMILE,
THERE'S
HEAVENLY
PIZZA

zitten. Je ploft er neer in een hip, Scandinavisch getint interieur. Neem zeker een stukje *homemade* brownie bij je koffie, gemaakt met de beste chocolade.
londenstraat 27, fb georgeskaffee, telefoon 0498684281, open ma-vr 8.00-18.00, za 10.00-16.00, prijs espresso € 2,30, tram 24 londen

(17) **Story Bistro** lijkt zijn inspiratie regelrecht uit Zweden te hebben gehaald. In dit lichte, Scandinavisch ingerichte eetcafé en delicatessenwinkel kun je ontbijten, lunchen, dineren en lekkernijen als jams, chocopasta of koffiebonen voor thuis kopen. Het terras is heel *instagrammable* gelegen, vlak aan het water met het MAS op de achtergrond.
godefriduskaai 2, bistro.story-antwerp.be, telefoon 033446646, open ma-vr 12.00-15.00 & 18.00-22.00, za-zo 12.00-22.00, prijs € 16, tram 7 mas

(18) Het menu van **Roest** is zeer gevarieerd, met zowel Belgische klassiekers als exotische gerechten op de kaart. Je eet er in een bijzonder fotogeniek industrieel interieur bomvol planten, van de tafels tot het plafond. Voor een ware portie *jungle fever!* Ook alle imposant gevulde borden zijn *food for the camera*. Die crunchy zoete aardappelfrietjes en overdadige lunchtafels doen het geweldig op foodblogs.
sint-aldegondiskaai 64, www.roest.be, telefoon 032987359, open di-vr 12.00-14.15 & 17.30-21.30, za 12.00-21.30, zo 9.30-21.00, prijs € 21, tram 7 brouwersvliet, bus 17 van schoonbekeplein

(19) *Smile for the pizza!* Je wordt vast gelukkig van de pizza's van **Otomat**. Het deeg wordt bereid met Duvelgist, en dat maakt het extra knapperig. Ook de toppings zijn creatief, met ingrediënten als venkelsalami en gekonfijte gember. Probeer als dessert hun pavlova-pizza: hemels! Het interieur is industrieel en dat trekt een hip, jong publiek aan. Liever wat meer grandeur? Naast Otomat ligt Marcel, waar je (een stuk duurder) tafelt in een jaren 20 sfeer (*www.restaurantmarcel.be*).
van schoonbekeplein 11, www.otomat.be, telefoon 032034848, open ma-do & zo 12.00-22.00, vr-za 12.00-23.00, prijs € 15, tram 7 mas, bus 17 van schoonbekeplein

(21) In een voormalig graanpakhuis vind je **Pazzo**, nog zo'n begrip in de Antwerpse restaurantscene. Chef Ingrid Neven tovert de lekkerste, prachtig opgemaakte

gerechtjes op je bord. Truffelliefhebbers zijn hier in de zevende hemel, want daar kookt ze maar al te graag mee. Boven het restaurant vind je de wijnbar van Pazzo, waar je kunt borrelen of tot in de late uurtjes kunt doorzakken. Wel eerst die foto voor je Instagram maken voordat je nóg een glaasje neemt...
oude leeuwenrui 12, www.pazzo.be, telefoon 032328682, open ma-vr 12.00-14.30 & 18.00-1.00, prijs € 28, tram 7 brouwersvliet, bus 17 van schoonbekeplein

(26) In het onbekende volkse en bruine **Café 't Bezemsteeltje** kun je je onderdompelen in zweverige sferen. Van vloer tot plafond hangt het interieur vol met heksen en bezemstelen. Dit bizarre, kleine café is een bijzondere maar donkere setting om een pintje te drinken en een praatje te maken met de lokale bevolking. Met deze plek betover je beslist al je volgers!
varkensmarkt 4, cafe-bezemsteeltje.metro.bar, telefoon 0465865194, open dagelijks 9.00-4.00, prijs pintje € 2,50, tram 7 klapdorp, bus 17 hessenbrug

(28) Traditioneler dan het bruine café **Kassa 4** vind je ze niet. De oude chauffages werken in de winter overuren om alles lekker warm te stoken; in de zomer schuiven de ramen open en zit het terras steevast vol. Dat je hier op het drukke plein midden in de studentenbuurt zit, betekent ook dat de pintjes betaalbaar zijn. Zo kun je tussen een mengelmoes van Antwerpenaren blijven plakken tot in de vroege uurtjes. Neem zeker een kijkje binnen, waar je teruggaat in de tijd naar 'de jaren stillekes', zoals ze dat in Antwerpen zeggen.
ossenmarkt 21, fb dekassa4, telefoon 0477726273, open ma-vr 10.00-3.00, za-zo 12.00-3.00, prijs pintje € 2,30, tram 11 jezusstraat, bus 17 hessenbrug

(31) Koffiebar **Viggo's** is zo urban als het maar kan. Naast excellente koffie drinken en *cheesecake extraordinaire* verorberen, kun je er ook dansen! Heb je zin in een dansje voor de clubs openen? Viggo's eigenaar Tim startte met Coffee Before Clubbing, waarbij dj's draaien om je alvast *in the mood* te brengen voor je avondje uit. Houd de Facebookpagina in de gaten voor de nieuwste data. Tip: eigenaar Tim maakt graag schattige latte art-beertjes voor een foto.
de coninckplein 21, www.viggos.be, fb viggoscoffeebar, telefoon 0477779776, open di-do & zo 9.00-18.00, vr-za 9.00-22.00, prijs drankje € 3, tram 12 de coninck

(32) Met ruim twaalf wisseltaps en meer dan tweehonderd speciaalbieren op fles veroverde de **Beerlovers Bar** in korte tijd de harten van iedereen die van bier houdt. Een duizelingwekkende keuze? Laat je volgers gewoon een biertje van de kaart kiezen! De Beerlovers Bar is gelegen aan het De Coninckplein in Antwerpen, midden in de multicultibuurt. Om de hoek vind je ook de Chinese wijk.

rotterdamstraat 105, www.beerlovers.be, telefoon 0497472620, open ma & wo-do 16.00-0.00, vr-za 15.00-1.00, zo 15.00-0.00, prijs speciaalbier € 7, tram 12 de coninck, bus 30 rotterdamstraat

## SHOPPEN

(7) Ben jij best avontuurlijk als het op wijn aankomt? **Vinetiq** biedt innovatieve smaken en nieuwe wijnen uit verrassende gebieden, vooral de koele klimaatgebieden. Hier kun je bijvoorbeeld een glaasje echte Belgische wijn proeven van hun eigen wijngaard Valke Vleug. Probeer dus zeker een tasting mee te

7
Cheers!
CALLEJO

25
HOLY
COOKIES

17
BAR

pikken. Op hun website vind je elke week nieuwe wijnen die je ter plaatse mag degusteren. Ook leuk voor een foto: even poseren met het neon-bord 'Cheers'!
nassaustraat 36, www.vinetiq.eu/nl-be, telefoon 033360168, open di-vr 10.30-18.30, za 10.00-18.00, tram 7 mas

⑳ De **Falcon Seamen Shop** is al jaar en dag gevestigd op het Falconplein. De bekende schipperswinkel verkoopt naast uniformen en matrozenpetten ook een leuke collectie kinder-, mannen- en vrouwenkleding. In een maritieme sfeer koop je hier authentieke duffelcoats, en jurkjes, T-shirts en hemden met marinestreepjes.
falconplein 2, www.falconseamen.com, telefoon 032325627, open di-za 11.00-17.00, tram 7 brouwersvliet, bus 17 van schoonbekeplein

㉔ Zeg je koffie of thee in Antwerpen, dan moet je naar Cuperus. De vestiging op de Paardenmarkt, **Cuperus Horsey**, is naast een *specialty* koffiebar ook de place to be om te shoppen voor al je koffie- en theebenodigdheden, van molens tot weegschalen en koffiemachines. De experts geven jou met plezier alle uitleg over koffiesmaken, theeblends en bieden zelfs opleidingen aan tot barista. De koffiebar kreeg onlangs een hippe facelift, leuk voor wat extra Instagram-likes!
paardenmarkt 28, www.cuperuskoffie.be, open ma-vr 8.30-18.00, za-zo 10.00-18.00, tram 1, 24 paardenmarkt, bus 17 hessenbrug

㉕ Oh My God, Holy Moly en Halleluja! Dat zijn al drie soorten *American cookies* die je kunt krijgen bij **Holy Cookies**. In januari 2020 gingen de oprichters van Holy Cookies op stedentrip naar New York City. Tijdens de lockdown hadden ze enorm veel tijd om te dromen van al die heerlijke, beroemde koekjes van Levain Bakery. Ze startten met bakken; elke dag nieuwe koekjes met andere smaken. Instant geluk in een koekje, volgens Marcella en& Jeremy. Niet vergeten: even snel een foto maken voor je je tanden in zo'n smeuïge cookie zet!
paardenmarkt 18, holycookies.be, open di-za 12.00-17.00, prijs cookie € 3,25, tram 7 klapdorp, bus 17 hessenbrug

㉟ **Pardaf** heeft maar liefst drie verdiepingen tweedehandskleding voor zowel dames, heren als kinderen in een prachtig herenhuis in hartje Antwerpen. Tover jezelf om tot iemand anders, pas gekke hoedjes of prachtige mantels. Jouw volgers kiezen vast wel je nieuwe outfit voor je uit. Even *namedroppen*, want ze hebben onder andere Bash, Ralph Lauren, Esprit, Jacob Cohen, Armani, Essentiel, Converse, Calvin Klein, American Vintage, Maje, Ganni, Just Female, Levi's, Prada en nog zoveel meer!

gemeentestraat 8, pardaf.be, telefoon 032326040, open di-za 11.00-18.00, tram 2, 3, 5, 6 astrid, 11, 12, 24 centraal station

# LEUK OM TE DOEN

(2) Het zeshoekige, eerste deel van het nieuwe **Droogdokkenpark** op 't Eilandje is klaar: de Belvédère. Op dit ruime, groene rustpunt kun je vanuit het uitkijkpunt de stad mooi gadeslaan. Neem even plaats op een bankje, geniet van de rust en maak wat selfies met uitzicht. Bijzonder detail: de muren van de kaaien zijn verwerkt in het ontwerp.

sloepenweg 25, tram 7 mas

(10) Je ziet de schoonheid van Antwerpen pas echt als je het van een afstandje bekijkt. Boek daarom een **havenrondvaart** om Antwerpen van een andere kant te zien. Dat kan met een van de boten van Flandria. Er zijn verschillende boottochten, die één ding gemeen hebben: indrukwekkende plaatjes voor je Instagram gegarandeerd!

londenbrug tegenover café 't licht der dokken, www.flandria.nu, zie website voor tijden, prijs boottocht vanaf € 16, tram 24 londen

(12) Antwerpen is altijd een bierstad geweest. In 1500 waren er zelfs bijna tweehonderd brouwerijen gevestigd in en rond de Brouwersvliet. Met de **Antwerpse Brouw Compagnie** heeft de stad na lange tijd weer een onafhankelijke brouwerij, mogelijk gemaakt door zo'n duizend crowdfunders. Ontdek het nieuwe hoofdstuk in de Antwerpse bier- en brouwgeschiedenis tijdens een rondleiding of een barbecue in de biergarten. Je kunt het bekende Seef-bier proeven of een van hun andere bieren die een ode brengen aan de stad, zoals Super Cadix en Tournée Antwerpen. Leuk voor een foto: de flesjes hebben mooie, nostalgische labels.

indiëstraat 21, seef.be, telefoon 032939184, entree € 10, tram 24 cadix

(13) **Chaplins Salon & Barbershop** is echt een *mancave* pur sang. Maak hier een *reel* terwijl het deskundige team je baard onder handen neemt in de jaren-50-stoel of neem een selfie met dat frisse pintje erbij. De salon is een mix van authentiek en modern, met houten muren, eigenzinnige antiquiteiten en de geur van kwalitatieve verzorgingsproducten die je helaas niet in een foto kunt vangen. Na een bezoekje ben je helemaal klaar voor de rest van deze picture perfect route. Wel vooraf even een afspraak maken.
londenstraat 12, chaplinsantwerp.be, telefoon 033447978, open di & do 10.00-20.00, wo & vr 10.00-18.00, za 9.00-16.00, prijs knipbeurt € 35, baardtrim € 18, tram 24 london

(22) **Het Bos** is een alles in één adresje. In dit artistieke huis kun je naar exposities, theater- en filmvoorstellingen en liveoptredens. Of ga er wat eten en drinken in de Bosbar. Check de website om te weten wat er nog meer te doen is. Genoeg voor wat leuke stories in ieder geval...
ankerrui 5-7, www.hetbos.be, zie website voor tijden en prijzen, tram 1, 24 noorderplaats, bus 17 felixarchief

13
HAIRCUT 35
BEARDTRIM 18
HAIRCUT AND BEARDTRIM 45
BROSKE 20
TRADITIONAL SHAVE 30
HAIRCUT AND SHAVE 50
STUDENT CUT 30
KIDS 25
MONDMASKER 2
DISARONNO

12
Seef
BIER

33

(30) **Kiebooms** is hét danscafé waar door talrijke Antwerpse omaatjes nostalgisch over wordt gepraat. Na enkele decennia geven nieuwe eigenaars de plek nu een nieuwe boost, zonder het unieke karakter van dit traditionele danscafé te verliezen. Café Kiebooms heropent na de lockdown met lokale bieren, koffie met advocaat en slagroom, stoofvlees met dikke frieten en vooral veel live muziek op donderdagavond om een danske op te placeren. Leuk voor heerlijk ouderwetse plaatjes.
de coninckplein 18, fb cafekiebooms, telefoon 0477465328, open dagelijks 15.00-23.20, tram 12 de coninck, bus 30 rotterdamstraat

(33) SLAM! Alles over stadscultuur vind je in de **Urban Bib**. Dit is een installatie in de Bibliotheek Permeke met boeken, graphic novels, magazines en muziek, en extra aandacht voor de Antwerpse urban scene. Ook vind je er een streetart-werk van de Antwerpse stadstroubadour Tourist LeMC, gemaakt naar aanleiding van zijn album *We begrijpen mekaar*. Voor het gebouw van de Bib vind je verder een moderne glazen kubus die inspireert tot originele foto's.
de coninckplein 26, www.permeke.org/urbanbib, telefoon 032211333, open ma-vr 10.00-18.00, za 10.00-16.00, zo 10.00-14.00, entree gratis, tram 12 de coninck, bus 30 rotterdamstraat

(34) Het Antwerpse **Chinatown** ligt vlak bij het Centraal Station. De wijk begint bij een gigantische Chinese poort – even poseren! – die je naar de Van Wesenbeke-straat leidt, het hart van de Chinese buurt. Ga zeker even naar de Aziatische supermarkt Sun Wah op nummer 16. Ze verkopen er alles om de beste Chinese, Thaise, Japanse, Koreaanse, Filipijnse en Indiase gerechtjes op tafel te toveren. Ook vind je er onder meer gelukskoekjes, Chinese porseleinen kommetjes, Japanse thee en rijstkokers
van wesenbekestraat, tram 2, 3, 5, 6 astrid, 11, 12, 24 centraal station

# ROUTE 4

## KIDSPROOF ANTWERPEN

### IN HET KORT

Met de kinderen naar Antwerpen? Dat wordt een toffe dag! Deze route zit bomvol toffe activiteiten en fijne hotspots afgestemd op je gezin, en laat daarnaast genoeg ruimte om de kinderen lekker te laten spelen en ravotten.

### OVER DE ROUTE

Zodra je in Antwerpen de trein uitstapt (vergeet niet het prachtige station te bewonderen), sta je bij **ZOO Antwerpen**. Maar de dierentuin is natuurlijk niet het enige wat leuk is voor kinderen in de stad. Wandel door de sfeervolle straatjes van het **historisch centrum**, met de imposante **Kathedraal** en de **Grote Markt**.

Bezoek **Chocolate Nation**, het allergrootste Belgische chocolademuseum ter wereld, of pik een filmpje mee in bioscoop **UGC Cinema**. Laat je betoveren door de Antwerpse **stripmuren**, miniatuurtaferelen in oude **schoenschrapers** en de ondergrondse **Ruien** die je meevoeren naar een andere, soms iets minder goed ruikende wereld.

Ook op cultureel gebied is er voor kinderen genoeg te zien en te beleven. Ga in drukkerij **Museum Plantin-Moretus** op pad met een opdrachtenboekje of hoorspel en kom als volleerd drukker buiten. In **hetpaleis** kun je terecht voor kindvriendelijke toneelstukken of workshops. Bij de buren, in de **Stadsschouwburg**, spelen ze ook musicals.

Wil je graag picknicken, lekker lang tafelen of liever een take-away menu halen? Langs de route vind je tal van heerlijke restaurants, terrasjes en eetkraampjes voor elk budget, waar iedereen van de familie wel iets lekkers uit kan kiezen. Vul je tassen met verleidelijke versnaperingen van de **Exotische markt**, **Lunchbox DELI & bottleshop** of – heel verantwoord – *zero waste shop* **Robuust**.

Natuurlijk kun je Antwerpen niet verlaten zonder de Schelde even gezien te hebben. En om de belevenis compleet te maken, steek je met de **Waterbus** over naar Linkeroever voor een heerlijk ontspannen dagje bij mooi weer. Hier vind je het **Sint-Annastrand**, waar je de skyline van Antwerpen kunt na-bouwen als zandkasteel of in het **openluchtzwembad De Molen** kunt plonzen. Weer terug naar de stad kun je ook de **Sint-Annatunnel** onder de Schelde door nemen.

## MEER ONTDEKKEN? 5 TIPS BUITEN DE ROUTE:

**RIVIERENHOF + ZWEMVIJVER BOEKENBERGPARK + PORTOPOLIS + STREETART-ROUTE BERCHEM + PARK SPOOR NOORD**

**TIPS**

**// Neem je waterfles en lunchbox mee om te hervullen.**
**// Plan rust- en speelmomenten in.**
**// Laat je kinderen beslissen.**

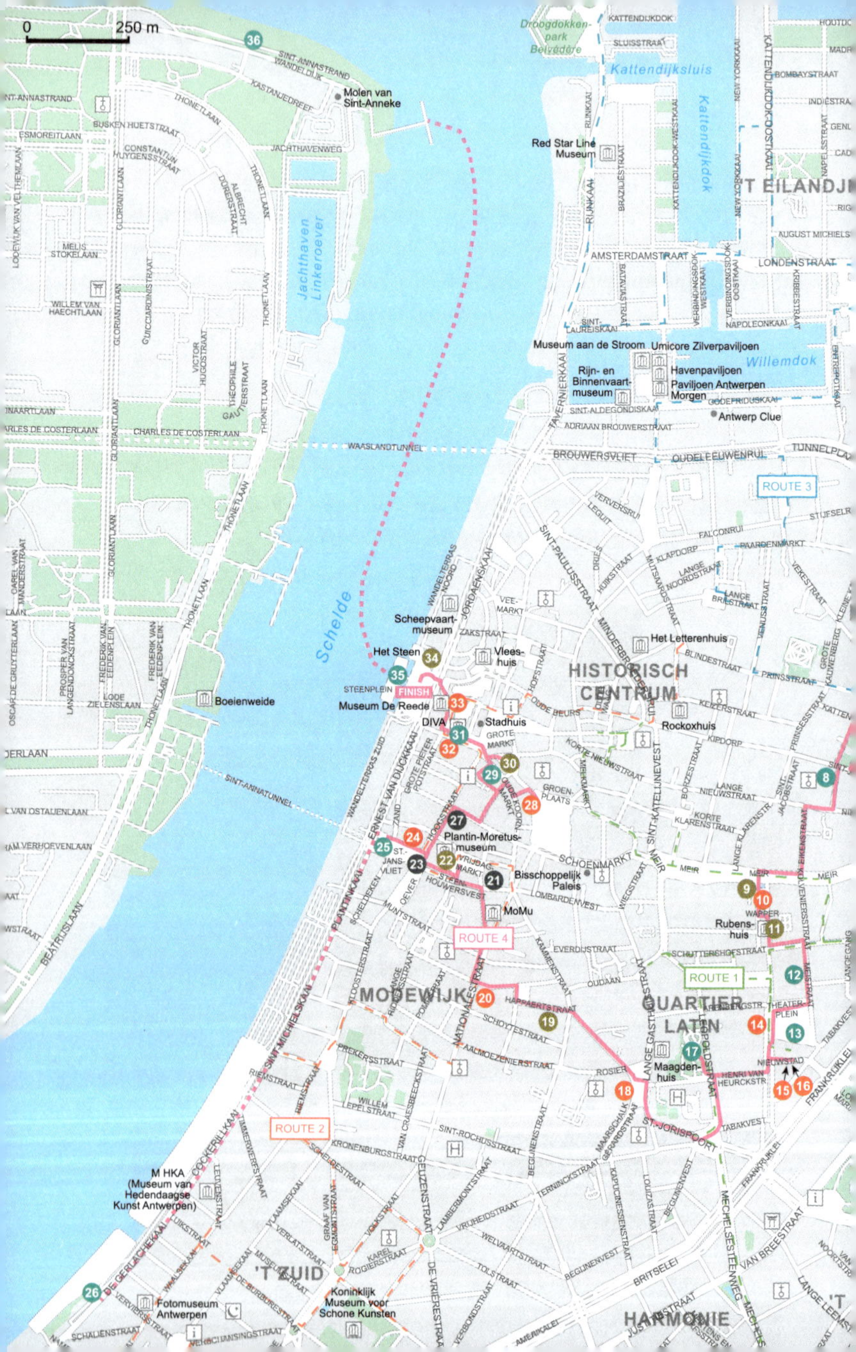

0
250 m
Droogdokkenpark Belvédère
Kattendijksluis
Kattendijkdok
Molen van Sint-Anneke
Red Star Line Museum
'T EILANDJE
Jachthaven Linkeroever
Museum aan de Stroom
Umicore Zilverpaviljoen
Rijn- en Binnenvaartmuseum
Havenpaviljoen
Paviljoen Antwerpen Morgen
Willemdok
Antwerp Clue
WAASLANDTUNNEL
ROUTE 3
Schelde
Scheepvaartmuseum
Het Steen
Vleeshuis
Het Letterenhuis
HISTORISCH CENTRUM
STEENPLEIN
FINISH
Museum De Reede
DIVA
Stadhuis
Rockoxhuis
Boeienweide
SINT-ANNATUNNEL
Plantin-Moretusmuseum
Bisschoppelijk Paleis
MoMu
ROUTE 4
Rubenshuis
ROUTE 1
MODEWIJK
QUARTIER LATIN
Maagdenhuis
ROUTE 2
M HKA (Museum van Hedendaagse Kunst Antwerpen)
'T ZUID
Koninklijk Museum voor Schone Kunsten
Fotomuseum Antwerpen
HARMONIE

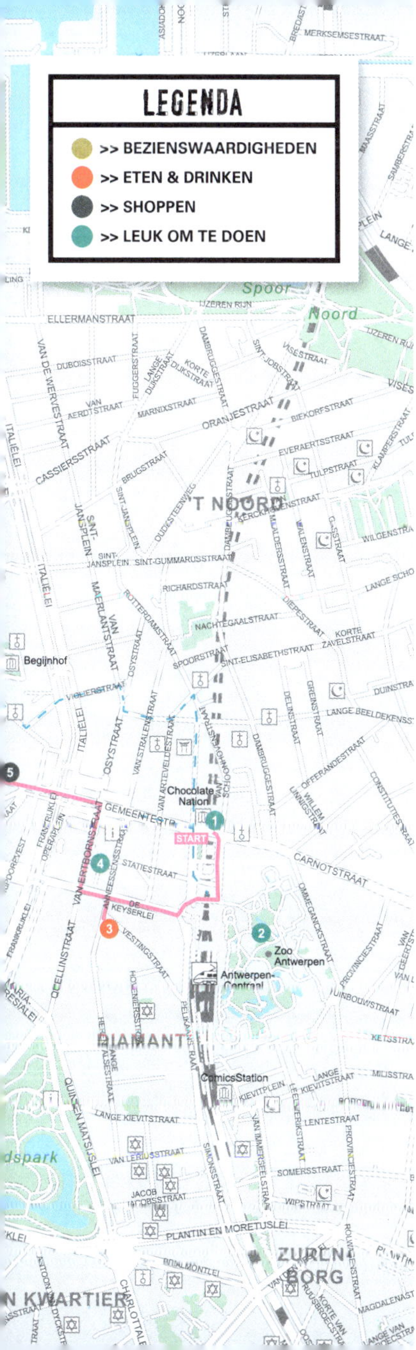


# KIDSPROOF ANTWERPEN

1. Chocolate Nation
2. ZOO Antwerpen
3. DelReY
4. UGC Cinema
5. Mekanik Strip
6. Stripmuur Jommeke
7. Stripmuur Kiekeboe
8. Keys & Clues Escape Room
9. Paleis op de Meir
10. Wafelkraam
11. Rubenshuis
12. hetpaleis
13. Exotische markt / Vogelenmarkt
14. Barnini
15. Lunchbox DELI & bottleshop
16. Borgo Gelato
17. Den Botaniek
18. Kapitein Zeppos
19. Schoenschraper in de Happaertstraat
20. Kroktailbar Fabiola
21. Filou & Friends
22. Museum Plantin-Moretus
23. Piet Konijn
24. Poule & Poulette
25. Sint-Annatunnel
26. Speeltuin aan de vernieuwde kaaien
27. Robuust!
28. Fritkot Max
29. Vlaeykensgang
30. Nello & Patrasche
31. De Ruien
32. De Bomma
33. Mister Spaghetti
34. Het Steen
35. Waterbus
36. Sint-Annastrand / openluchtzwembad De Molen

# ROUTEBESCHRIJVING 4 (ca. 5,8 km)

Start de route bij Chocolate Nation 1. Steek het Astridplein over waar je ZOO Antwerpen 2 kunt bezoeken. Via de Keyserlei proef je meer chocolade 3 of pik je rechtsaf een filmpje 4. Loop via de Franklin Rooseveltplaats en steek de Leien over naar Mekanik Strip 5. Verder op de Sint-Jacobsmarkt ga je rechtsaf en ontdek je twee Antwerpse stripmuren 6 7 en een kleine speeltuin. Zin in wat mysterie? Stop dan bij de escape room 8. Ga rechtsaf in de Lange Nieuwstraat en dan linksaf naar het Paleis op de Meir 9. Neem op de hoek van de Wapper een wafel 10 voordat je het Rubenshuis 11 bezoekt. Ga linksaf op Hopland en meteen rechtsaf voor hetpaleis 12. Op het bruisende Theaterplein kun je in het weekend naar de markt 13. Ook kun je hier lunchen 14 15 of van een ijsje genieten bij Borgo Gelato 16. Neem een pauze in Den Botaniek 17. Loop terug naar de Leopoldstraat en sla rechtsaf naar de Sint-Jorispoort om een terrasje te pakken bij Kapitein Zeppos 18. Wandel het Vleminckveld op naar schoenschraperkunst 19 in de Happaertstraat. Sla aan het eind van de straat rechtsaf en dan linksaf om croque-monsieurs 20 te eten. Loop rechtsaf over de Nationalestraat en ga links de Drukkerijstraat in. Rechts, op de Steenhouwervest, kun je kleding voor de kids 21 shoppen. Keer om en loop door over de Steenhouwersvest, en ga rechtsaf naar het Museum Plantin Moretus 22 aan de Vrijdagmarkt. Terug op de Steenhouwersvest vind je op de hoek duurzaam speelgoed 23. Als je honger hebt, stop je bij Poule & Poulette 24. Via de Sint-Annatunnel 25 kun je afdalen en naar Linkeroever wandelen. Behoefte aan een speelstop? Loop dan een stuk zuidelijker naar de speeltuin aan de vernieuwde kaaien 26. Let op: dit is een flink eind stappen! Via de Hoogstraat loop je naar Robuust 27, waar je je flessen en broodtrommels kunt vullen. Ga rechts op de Vlasmarkt en links de Pelgrimstraat in. Heb je trek in echte Vlaamse frietjes, dan loop je door naar de Oude Koornmarkt, waar je rechts gaat en dan links de Groenplaats op 28. Of ga meteen linksaf de Vlaeykensgang 29 in. Verlaat de gang aan de Oude Koornmarkt. Linksaf vind je een leuk standbeeld 30, kun je de ondergrondse Ruien 31 bezoeken of Vlaams eten bij De Bomma 32. Rechts in de Kaasstraat ligt pasta-favoriet Mister Spaghetti 33. Loop de straat uit, dan zie je de Schelde. Loop eerst naar Het Steen 34 en neem dan de Waterbus 35 richting Linkeroever. Daar vind je het Sint-Annastrand en een openluchtzwembad 36.

HIS MAJESTY PULL
HIS MAJESTY PULL

# BEZIENSWAARDIGHEDEN

⑥ Streetart combineren met stripverhalen? Dat doet Antwerpen als de beste! In en rond de stad vind je grote geschilderde muren die een ode brengen aan de Vlaamse stripverhalen. Zoals **stripmuur Jommeke**, de grootste stripheld voor de kleintjes én de allergrootste van alle stripmuren. Je kunt met behulp van het kaartje op de website zelf langs de stripmuren wandelen, of met een groep tegen betaling een begeleide Stripmurenwandeling boeken.
frans halsplein 32, stripmuren.be, telefoon 0478294685, groepswandeling met gids € 150 (maximaal 20 personen), tram 1, 3, 5, 9, 10, 15 opera, 11 jezusstraat

⑦ Nog meer stripfiguren vind je op de **stripmuur Kiekeboe**, bekend van de Vlaamse krantenstrip door tekenaar Merho. De muurschildering legt leuk een link met de buurt. Hoofdpersoon Fanny fietst hier met een tas vol studieboeken naar de universiteit en de boodschappentas met logo verwijst naar de stad Antwerpen.
paradijsstraat, stripmuren.be, telefoon 0478294685, groepswandeling met gids € 150 (maximaal 20 personen), tram 11 sint-jacob

⑨ Het Belgische koningspaar mag dan een leuk optrekje in Brussel hebben, ook in Antwerpen staat een koninklijk paleis. Van Baurscheit de Jonge bouwde het **Paleis op de Meir** in 1750. Napoleon was zo onder de indruk van dit mooie rococopand, dat hij het kocht. De eerste Belgische koning logeerde er als hij in Antwerpen was. Het paleis zelf is niet toegankelijk, maar je kunt wel heerlijke pannenkoeken eten bij Maison Mojo of pralines shoppen bij The Chocolate Line.
meir 50, www.paleisopdemeir.be, telefoon 032263185, zie website voor openingstijden, tram 3, 5, 9, 15 meir, 11 sint-jacob

⑪ Een stap in het **Rubenshuis** is een stap terug in de tijd. Hier werkte, leefde en stierf de schilder Peter Paul Rubens. Je wandelt door de vertrekken en ziet meubels, kunstvoorwerpen en uiteraard schilderijen – ook van zijn tijdgenoten. Speel verstoppertje in de prachtige renaissancetuin die opnieuw is aangelegd naar een van Rubens' schilderijen en met gewassen die in zijn tijd ook bestonden.
wapper 9-11, www.rubenshuis.be, telefoon 032011555, open di-zo 10.00-17.00, entree € 12, kinderen tot 18 jaar gratis, tram 3, 5, 9, 15 meir, 4, 7 oudaan, 11 sint-jacob

30

6

11

⑲ Vroeger werden schoenschrapers in de gevel gebruikt om – het woord zegt het al – modder en vuil van schoenzolen te schrapen. In het begin van de 20e eeuw waren ze heel populair bij statige herenhuizen. Sinds de komst van de deurmat werden ze vergeten. Tot kunstenares Elke Lemmens besloot om de schoenschrapers nieuw leven in te blazen en er miniatuurtaferelen in te plaatsen. Door de hele binnenstad neemt ze de schoenschrapers onder handen. Zoek bijvoorbeeld naar zo'n klein magisch kunstwerkje in de **schoenschraper in de Happaertstraat**, dicht bij de voordeur. Kijk door het ruitje en zie twee kippen op een grasveldje.

happaertstraat 30, fb verwonderendevoetschrapers, tram 3, 5, 9, 15 groenplaats, 4 sint-andries

㉒ Wil jij net als Christoffel Plantin drukker worden? Ga met een opdrachtenboekje op pad door de kamers van het museum en kom als volleerd drukker weer naar buiten. Op de Vrijdagmarkt (een gezellig plein waar op vrijdagochtend een veiling van oude inboedels is) vind je het bijzondere, interactieve **Museum Plantin-Moretus**. Het museum is Unesco-Werelderfgoed en geeft je een uitstekend beeld van wat ooit de grootste uitgeverij van de Nederlanden was. Een hoorspel met Vlaamse topcast maakt dit een topervaring.

vrijdagmarkt 22, www.museumplantinmoretus.be, telefoon 032211450, open di-zo 10.00-17.00, entree € 12, kinderen tot 18 jaar gratis, tram 3, 4, 5, 9, 15 groenplaats, 4 sint-andries

(30) Op de Handschoenmarkt vind je een beeld van een slapende jongen en een hond: **Nello & Patrasche**. De jongen en zijn hond zijn de hoofdpersonen van de Engelse roman *A dog of Flanders* uit 1872, die zich grotendeels in Antwerpen afspeelt. Leuk detail is dat de kasseien van de markt als een deken over het standbeeld zijn gelegd. Klim op het standbeeld en maak een foto!

handschoenmarkt 3, tram 3, 4, 5, 9, 15 groenplaats

(34) **Het Steen** is het oudst bewaarde gebouw van Antwerpen en heeft door de eeuwen heen veel functies gehad. Vanaf dit najaar vind je er een gloednieuw belevingsparcours met interactieve, multimediale ruimtes die je het verhaal van de stad en haar oudste gebouw vertellen. Zo bewonder je een origineel stuk burchtmuur uit de 11e eeuw en werp je een blik op het dagelijkse leven in de Gouden Eeuw. Neem zeker ook een kijkje op het panoramisch dakterras, en vind een leuk souvenir of streekproduct in het bezoekerscentrum.

steenplein 1, www.visitantwerpen.be, open dagelijks 10.00-18.00, zie website voor exacte openingsdatum, tram 3, 4, 5, 9, 15 groenplaats, 7 klapdorp, 11 melkmarkt

# ETEN & DRINKEN

(3) Zoetekauwen kunnen niet heen om **DelReY**, het dessertparadijs van chocolatier Bernard Proot. Vlak bij het Centraal Station en midden in de Diamantwijk vind je de mooist versierde taartjes en de heerlijkste pralines en macarons. Je koopt ze om mee te nemen of (nog beter) om ter plekke van te smullen met een kopje thee of koffie erbij. Stiekem ga je hier dus niet alleen voor de kinderen naartoe! Tip: deel samen een chocoladekwartet van vier gebakjes.

appelmansstraat 5, www.delrey.be, telefoon 034702861, open ma-za 10.00-18.00, prijs chocoladekwartet € 10,50, tram 2, 3, 4, 5, 6 astrid, 2, 6, 9, 15 diamant, 11, 12, 24 centraal station

(10) De geur van versgebakken wafels komt je al van verre tegemoet! Aan de **wafelkraam** op de hoek van de Wapper kun je gewoon niet voorbijlopen zonder even een korte pitstop te maken. In de zomer worden de wafels wel eens afgewisseld met ijsjes om de nodige verkoeling te bieden. Ga met je zoete beloning even zitten naast de fontein en bekijk de stroom voorbijgaande shoppers.
wapper, prijs wafel € 5, tram 3, 5, 9, 15 meir, 4, 7 oudaan, 11 sint-jacob

(14) **Barnini** is een vaste waarde voor bagels en koffie in Antwerpen. Jouw kids lusten vast en zeker een bagel met Nutella en banaan en proef zelf bijvoorbeeld de 'deli' met pastrami of de 'chick' met avocado en kip. Het interieur is heerlijk vintage en de locatie is vlak bij het Theaterplein, waar op zaterdag en zondag ook een markt is. Geen tafeltje vrij? Iets verderop kun je ook goed lunchen bij Wasbar (Graanmarkt 15).
oudevaartplaats 10, fb barniniantwerp, telefoon 034858269, open di-za 8.00-18.00, zo 8.00-17.00, prijs bagel € 7,50, tram 3, 5, 9, 15 meir, 1, 10 stadspark

(15) **Lunchbox DELI & bottleshop** verlaat je nooit zonder goodies. Mensen met keuzestress kunnen het beste buiten blijven, want het aanbod van lokale craftbeers, alternatieve frisdranken en tapas is om van te duizelen. Naast een deli hebben ze ook een zonnig terras waar je kunt blijven plakken tot in de late uurtjes. Misschien kun je samen met de kinderen een spelletje petanque (jeu de boules) spelen op het plein?
nieuwstad 8-10, new-amsterdam-deli.business.site, telefoon 0497451048, open do-zo 11.00-19.00, tram 4, 7 oudaan

(16) Dagvers bereide Italiaanse ijsjes met vers fruit en echte chocolade: dat klinkt als een winnend recept voor jou en je kroost. Je bestelt bij **Borgo Gelato** niet per bolletje ijs maar per hoorntje. Van een kleine *cono piccolo* tot een *cono grande* voor de grootste smulpapen. Jouw favoriete smaken smeren ze met een ijsspatel op het hoorntje tot het helemaal vol is. Simpel als *buongiorno*!
nieuwstad 16, borgogelato.be, open wo-zo 14.00-21.00, prijs ijsje € 2,70-€ 5,50, tram 4, 7 oudaan

(18) **Kapitein Zeppos** heeft een groot en uitgebreid terras op het levendige Mechelseplein. Er is genoeg plaats om tikkertje te spelen én om lekker te lun-

16
HAPPINESS
IN A CONE

10

32

15
VEDETT
VEDETT
BUDDY

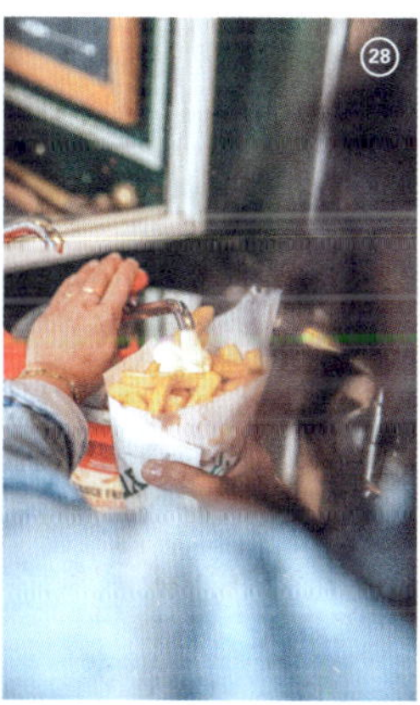
28

18

24
POULE & POULETTE

24
POULE & POULETTE

3

chen of dineren. Op de kaart staan ook verschillende kindergerechten, waaronder huisgemaakte kipnuggets met appelmoes. Genoeg om iedereen tevreden te houden. Extra voordeel: hier vind je ook 's avonds nog zon.
vleminckveld 78, cafezeppos.be, telefoon 032311789, open dagelijks 11.30-1.00, prijs kindermenu + ijsje € 11,50, tram 4, 7 mechelseplein

(20) Croque + cocktail = Kroktail! Als croque-monsieur, oftewel tosti, bij jou thuis een van de lievelingsgerechten is, moet je zeker naar de **Kroktailbar Fabiola**. De croques zijn verre van standaard, maar er is ook *fabulous* cheesecake en er zijn natuurlijk crazy cocktails én *homemade* limo voor de kleintjes. Ontbijten, brunchen, lunchen: het kan hier allemaal, zowel binnen als buiten op het fijne, verwarmde terras.
sint-antoniusstraat 4, www.kroktailbarfabiola.be, telefoon 0494294375, open di-do 11.00-20.00, vr 11.00-22.00, za 10.00-22.00, prijs groot ontbijt € 16, tram 3, 5, 9, 15 groenplaats, 4 sint-andries

(24) Kip, friet en appelmoes is de favoriet van bijna elk kind. En laten ze daar bij **Poule & Poulette** nou juist expert in zijn. Hier komen de kippetjes rechtstreeks van de boerderij op je bord, nadat ze rustig op *slow food*-wijze zijn gebraden. Van een halve kip tot nuggets of als romige vol-au-vent (stoofpot) gaan ze er bij zowel groot als klein wel in. Een glas homemade ice tea of een lekkere gin-tonic of cocktail voor de volwassenen erbij: succes gegarandeerd!
sint-jansvliet 21, www.poulepoulette.com, telefoon 035011121, open ma-vr 16.30-21.30, za-zo 12.00-21.30, prijs € 16, tram 3, 4, 5, 9, 15 groenplaats

(28) Voor de lekkerste Vlaamse frieten moet je toch wel bij een fritkot zijn. Een van de oudste van de stad is **Fritkot Max**, dat al bestaat sinds 1842. Leuk: op de eerste verdieping zit het piepkleine Fritkotmuseum, waar je gewoon met je zak friet naar binnen mag!
groenplaats 12, www.fritkotmax.be, telefoon 0474886383, open dagelijks 12.00-20.00, tram 3, 4, 5, 9, 15 groenplaats

(32) Wat is er beter dan op bezoek te gaan bij je *bomma*? Troostvoer en Vlaamse klassiekers krijg je voorgeschoteld bij **De Bomma**, een restaurant dat je doet denken aan de zondagen bij oma. Alleen eet je hier niet wat de pot schaft, maar

stel je je eigen menu samen. De balletjes met bleekselderij en chipolata scoren altijd goed bij een jonger publiek.
suikerrui 16, www.restaurantdebomma.be, telefoon 032274926, open ma-vr 17.00-22.00, za-zo 12.00-22.00, prijs € 18, tram 3, 4, 5, 9, 15 groenplaats

(33) Mini Mister B of Tiny Mama B op de kaart zijn alvast grote hits bij het jongere publiek. Wie houdt van spaghetti met stevige ballen of met een romige kaassaus zit bij **Mister Spaghetti** helemaal goed. Hou ook zeker nog wat plek voor een dessert, zoals de Nutella-mi-su of de Mister Smarty. Met zowel pasta's als desserts in kinderporties is dit de ideale plek voor lunch of diner met je hele gezin.
kaasstraat 3, www.mister-spaghetti.com, telefoon 034358464, open wo-zo 11.30-14.00 & 18.00-22.00, prijs € 16, kindermenu € 8, tram 3, 4, 5, 9, 15 groenplaats

# SHOPPEN

(5) Wie popcultuur zegt, zegt **Mekanik Strip**, een must voor fans van stripboeken. In de winkel vind je strips, comics, manga, anime... Duizelt het je allemaal? Ze leggen je het verschil tussen al die soorten vast graag uit! Verder vind je er ook allerlei speelgoed, en met regelmaat zijn er expo's en signeersessies.
sint jacobsmarkt 73, mekanik-strip.be, telefoon 032342347, open ma-vr 10.00-18.30, za 10.00-18.00, tram 1, 3, 5, 9, 10, 15 opera, 11 jezusstraat

(21) **Filou & Friends** ontwerpt kleding voor kinderen van nul tot tien jaar. De jonge designers, zelf moeders, worden gedreven en geïnspireerd door de energie van hun eigen rondhuppelende filou'tjes (kleine deugnieten). Dit leidt tot originele eigen prints en pasvormen. De nadruk ligt bij hun ontwerpen op kwaliteit en duurzaamheid, maar hun kleertjes passen tegelijkertijd naadloos in de trends van nu.
steenhouwersvest 57, www.filoufriends.com, telefoon 032274592, open ma-vr 10.00-12.00 & 12.30-18.00, za 10.00-18.00, tram 3, 4, 5, 9, 15 groenplaats

(23) Van duurzaam retro speelgoed zoals Moncchichi's tot boekentassen: **Piet Konijn** is zo'n speelgoedwinkel waar je gewoon niet aan voorbij kúnt lopen. Al

23
Monchhichi

5

27
AMANDEL-MEEL
GECONFIJTE GEMBER Bio
Couscous wit Bio
Couscous volkoren Bio
DADELS Bio
CRUNCHY

is het maar om even het handbeschilderde, traditionele Belgische speelgoed van Egmont Toys te bewonderen. Alles wat hier wordt verkocht, is niet alleen leuk om mee te spelen, maar ook mooi om naar te kijken.

hoogstraat 79, fb piet-konijn, telefoon 032268407, open wo-za 11.00-18.00, zo 13.00-18.00, tram 3, 5, 9, 15 groenplaats, 4 sint-andries

(27) **Robuust!** is de place to be om je kinderen te tonen hoe winkelen ook anders kan. Deze verpakkingsvrije winkel is een walhalla voor iedereen die groenere ambities heeft in het dagelijks leven. Vul dus hier je drinkbeker of brooddoos met gezonde biologische snacks en/of sapjes, of koop net die duurzame en herbruikbare spullen die nuttig zijn tijdens je trip.

reyndersstraat 2, www.berobuust.com, telefoon 0493111951, open ma-za 10.00-18.00, tram 3, 4, 5, 9, 15 groenplaats

# LEUK OM TE DOEN

① Wie België zegt, denkt meteen aan chocolade. En zeg je chocolade, dan heb je beslist de aandacht van kinderen te pakken. Neem ze mee naar **Chocolate Nation**, 'het allergrootste Belgische chocolademuseum ter wereld'. Meer dan een uur lang struin je met een audiotour (en proefpakket!) door veertien themaruimtes, van de cacaoplantages tot de opslaghaven in Antwerpen. Een reusachtige fantasiemachine toont hoe Belgische chocolade wordt gemaakt en hoe de fluweelzachte smaak ontstaat. Die maakt zeker indruk op kinderen én volwassenen.

koningin astridplein 7, www.chocolatenation.be, telefoon 032070808, open dagelijks 10.15-18.00, entree € 16,95, kinderen 12-17 jaar € 15,50, 4-11 jaar € 11,95, tot 4 jaar gratis, tram 2, 3, 5, 6 astrid, 2, 6, 9, 15 diamant, 11, 12, 24 centraal station

② Dierenliefhebbers willen zeker een bezoek brengen aan **ZOO Antwerpen**. Het aparte van deze dierentuin is dat hij midden in de stad ligt, pal naast het Centraal Station. Toch krijg je het gevoel ver van de stadsdrukte verwijderd te zijn. Of het nu de schattige pinguïns in het koude Vriesland zijn of de Afrikaanse olifanten en giraffen in hun eigen Egyptische tempel, ze stelen ongetwijfeld je hart.

koningin astridplein 20-26, www.zooantwerpen.be, telefoon 032248910, open dagelijks vanaf 9.00, zie website voor sluitingstijden, entree € 31, kinderen 12-17 jaar € 29, 3-11 jaar € 25, tot 3 jaar gratis, tram 2, 6, 9, 15 diamant

④ Is het weer wat minder? Duik de **UGC Cinema** in voor de nieuwste films op groot scherm, met een programma dat zowel voor volwassenen als kinderen veel leuks te bieden heeft. Al bij de ingang van de cinemazalen hangt een betoverend sfeertje: de gang is vol lichtjes boven de roltrap. Een grote doos popcorn mee om te delen en je filmmiddag of -avond kan niet meer stuk. Elders in het gebouw kun je op verschillende plekjes ook wat eten, zoals bij Wagamama.

van ertbornstraat 17, www.ugc.be, telefoon 078154321, open dagelijks, zie website voor tijden, prijs kaartje € 9,60-€ 11,45, tram 1, 3, 5, 9, 10, 15 opera, 1, 11, 24 roosevelt

⑧ Wil je een superspannende uitdaging aangaan? Dan moet je naar **Keys & Clues Escape Room**, waar je een uur met jouw team zoekt naar Newton's

Secret om zo te kunnen ontsnappen. Zoek naar puzzels, aanwijzingen, raadsels en tips en werk vooral goed samen om het antwoord te vinden. Succes!
sint jacobsmarkt 36, keysandclues.be, telefoon 032967530, open op afspraak, prijs € 120 per spel (3-8 spelers), tram 11 sint-jacob

(12) Een podiumkunstenhuis voor alle kinderen en jongeren: dat is **hetpaleis**. Pik een theaterstuk mee om een regenachtige dag te vullen of volg een workshop. Hier ontmoeten de kinderen vast en zeker leuke speelmaatjes. Af en toe zijn er ook voorstellingen op locatie in de openlucht.
meistraat 2, www.hetpaleis.be, telefoon 032028360, prijs voorstelling € 6-€ 13, tram 3, 5, 9, 15 meir, 1, 10 stadspark

(13) Het plein voor de Stadsschouwburg is in het weekend een bruisende marktplaats. Op zaterdag is er de **Exotische markt**, waar je de hele wereld kunt ruiken en proeven. Veel Antwerpenaren gaan borrelen bij de oesterkraam of lunchen met vers bereide garnalenkroketjes. 's Zondags is er de alom bekende **Vogelenmarkt**, waar je je ogen uitkijkt. De terrassen zitten hier altijd goed vol. Niet zonder reden: de sfeer is hier top!
oudevaartplaats, open exotische markt za 8.00-16.00, vogelenmarkt zo 8.00-13.00, tram 1, 10 stadspark

(17) In de 19e-eeuwse plantentuin **Den Botaniek** werden vroeger planten gekweekt voor de toenmalige School voor Geneeskunde, Chemie en Plantkunde. Nu is het een wetenschappelijke botanische tuin met broeikas voor exotische planten en cactussen. In de lente, als alles in bloei staat, is het een van de mooiste plekjes van Antwerpen. Leuk om hier je kinderen mee op ontdekkingstocht te nemen langs al het groen, de bloemen en beestjes.
leopoldstraat 24, telefoon 032324087, open mei-sep dagelijks 8.00-20.00, okt-apr 8.00-17.30, entree gratis, tram 4, 7 mechelseplein

(25) Durf je 31 meter onder de grond af te dalen en onder de Schelde door te wandelen? Dan moet je de **Sint-Annatunnel** – in de volksmond de voetgangerstunnel – zeker proberen. Dit staaltje architectuur uit 1933 is niet alleen een handige manier om op Linkeroever te komen, maar ook een aparte belevenis. De authentieke houten roltrappen zijn mooier dan die van de Parijse metro. Op

Linkeroever zijn er ook tal van activiteiten voor de kids. Geen puf meer om terug te lopen? Dan kun je de Waterbus nemen.

sint-jansvliet, www.dewaterbus.be, tram 3, 4, 5, 9, 15 groenplaats

(26) Hebben je kinderen nog energie te veel? Laat ze dan lekker los in de **speeltuin aan de vernieuwde kaaien**. Klauteren en klimmen, dan weer van de glijbaan... Terwijl de kids naar hartenlust spelen, kunnen de ouders even heerlijk uitblazen op een bankje.

kaaien zuid, entree gratis, tram 4 museum

(29) Speel tikkertje in een van de gezelligste straatjes van Antwerpen. Het had niet veel gescheeld of deze middeleeuwse **Vlaeykensgang** was er niet meer geweest. In de jaren 60 was deze steeg zo vervallen dat de gebouwen bijna werden afgebroken. Dit werd voorkomen door een jonge antiquair (de intussen erg bekende Axel Vervoordt) die de boel opkocht en het hele complex restaureerde.

ingang pelgrimstraat, uitgang oude koornmarkt 16, tram 3, 4, 5, 9, 15 groenplaats

12

paleis
LET US UNITE
TO SAVE THIS PLAC
#SAVEKNS
RESPECTEER DE BUREN
NIET WILDPLASSEN
HOU HET PLEIN PROPER
HINDER GEEN VERKEER
SKATEN TOT 22:00

(31) **De Ruien**, oorspronkelijke afwateringskanalen, doorkruisten in de donkere middeleeuwen de hele binnenstad. Omdat ze meer en meer als riolen gebruikt werden, zijn ze uiteindelijk overwelfd. Tegenwoordig wordt het afvalwater langs andere kanalen geleid en kun je met een gids – en in een speciaal pak – drie uur lang de magische wereld van Antwerpen ondergronds verkennen. Fris ruikt het niet, maar het is een bijzondere tocht voor kleine durvers. Let op: de minimumleeftijd voor een ruientocht is tien jaar. Kleinere kinderen kunnen mee met de bootjestocht.

suikerrui 21, ruien.be, telefoon 033440755, open di-vr 10.00-17.00, za-zo 10.00-18.00, prijs ruienwandeling € 18, kinderen 10-16 jaar € 12, boottochtje € 2, tram 3, 4, 5, 9, 15 groenplaats

(35) Neem aan Het Steen de veerboot naar Linkeroever of ontdek de omgeving van Antwerpen per boot. De **Waterbus** is enorm populair bij zowel toeristen als lokale Antwerpenaren. Voor de prijs hoef je een overtocht naar de andere oever in ieder geval niet te laten, dus zeker even doen! Iedereen aan boord? Waterbus ahoy! Tickets kun je online bestellen.

steenplein 1, www.dewaterbus.be/nl/schelde, telefoon 038086565, zie dienstregeling op de website, prijs € 1, kinderen tot 5 jaar gratis, tram 3, 4, 5, 9, 15 groenplaats, 7 klapdorp, 11 melkmarkt

(36) Op Linkeroever zijn er tal van activiteiten die je kunt doen met de kinderen. Laat ze ravotten in de speeltuin, ga zwemmen in **openluchtzwembad De Molen**, minigolfen bij **Minigolf Beatrijs**, of bouw de skyline in de vorm van een zandkasteel na op het **Sint-Annastrand**. Verwacht hier geen chique voorzieningen, maar wel wat horeca met bijbehorende terrasjes en een oerdegelijk middagje fun. Neem een volle koelbox mee, want al dat spelen en zwemmen slurpt natuurlijk energie!

sint annastrand, www.antwerpen.be, www.visitantwerpen.be/nl/het-strand-van-sint-anneke, minigolfbeatrijs.be, open dagelijks hoogseizoen 9.30-20.00, laagseizoen 12.00-20.00, entree zwembad € 4, kinderen € 2, bus 36 sint-annastrand

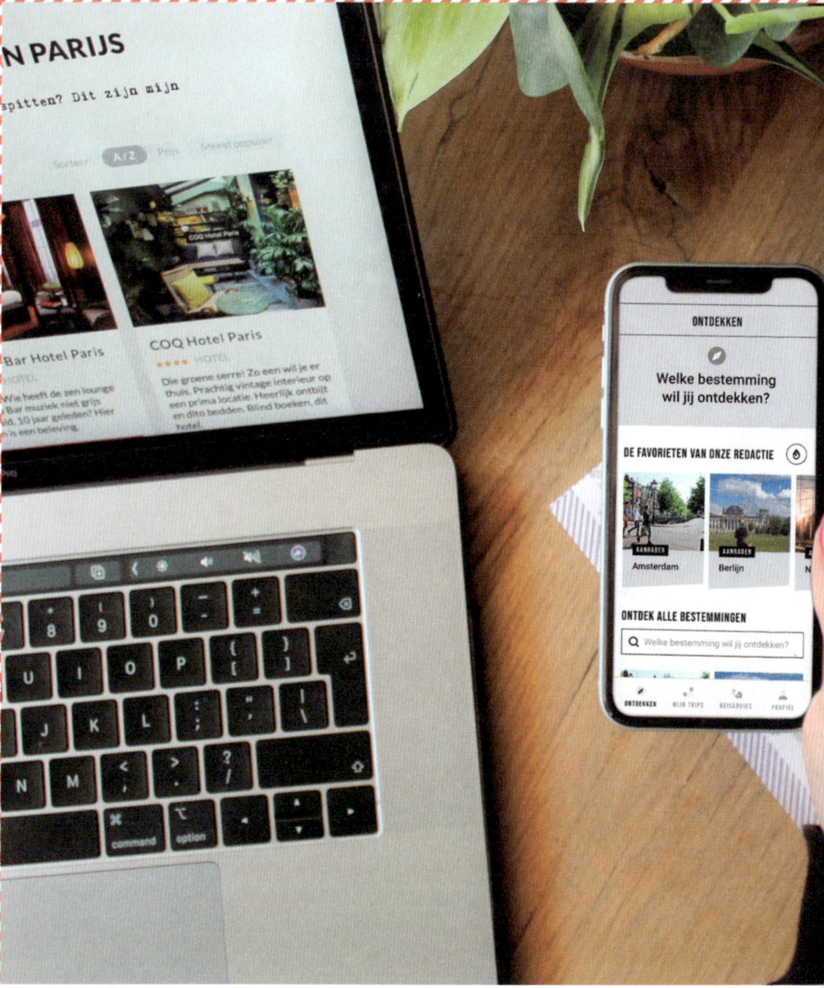


## time to momo is de bestverkochte stedengids van Nederland en België, met routes in meer dan 50 steden

Probeer ook eens onze app en een van onze losse (thema)routes. Of boek je favoriete hotel of complete stedentrip via onze website.

time to momo

www.timetomomo.com

Duvel

# INDEX

## SHOPPEN



## LEUK OM TE DOEN



## HOTELS



## VERVOER

# COLOFON

Deze gids is met de grootst mogelijke zorg samengesteld. Voor eventuele onjuistheden in de tekst is mo'media bv niet aansprakelijk. Eventuele op- en/of aanmerkingen kun je richten aan: mo'media, postbus 359, 3000 AJ Rotterdam, info@momedia.nl, www.timetomomo.com.

**LOCAL/REDACTIE**
Joycie de Maeyer

**FOTOGRAFIE**
Marie Monsieur, Vincent van den Hoogen, Dani van Oeffelen, Verne Fotografie, foto p. 81 linksboven: Jonathan Ramael

**EINDREDACTIE**
Marjolein den Hartog

**VORMGEVING**
Studio 100%, Oranje Vormgevers

**CARTOGRAFIE**
Van Oort redactie en kartografie

**LITHOGRAFIE**
MasterColors Media

**PROJECTLEIDING**
Heleen Ferdinandusse

time to momo
Antwerpen themaroutes
isbn 978-949319-565-3
nur 510, 511

© mo'media, Rotterdam,
1e druk september 2021

Deze gids is gedrukt op FSC-papier

Alle rechten voorbehouden. Niets van deze uitgave mag worden verveelvoudigd, opgeslagen in een geautomatiseerd gegevensbestand en/of openbaar gemaakt in enige vorm of op enige wijze, hetzij elektronisch, mechanisch, of op enig andere manier zonder voorafgaande schriftelijke toestemming van de uitgever.

# Ontdek én boek jouw favoriete hotels in Antwerpen via www.timetomomo.com

**Historisch Centrum**
**Hotel Julien**

Stijlvolle kamers, een privé-spa en een dakterras met zicht op de kathedraal. Het mooiste hotel in het Historisch Centrum.

**Quartier Latin**
**Raphael Suites**

Fijne ruime suites, prachtig eclectisch ingericht. Elke suite heeft een kitchenette; handig als je wat langer blijft.

★ **Alleen de allerleukste hotels**
★ **Op wijk gesorteerd**
★ **Door onze locals voor jou geselecteerd**

Bekijk nog veel meer leuke hotels uit onze selectie via deze QR-code en ontdek de voordelen van boeken bij time to momo.

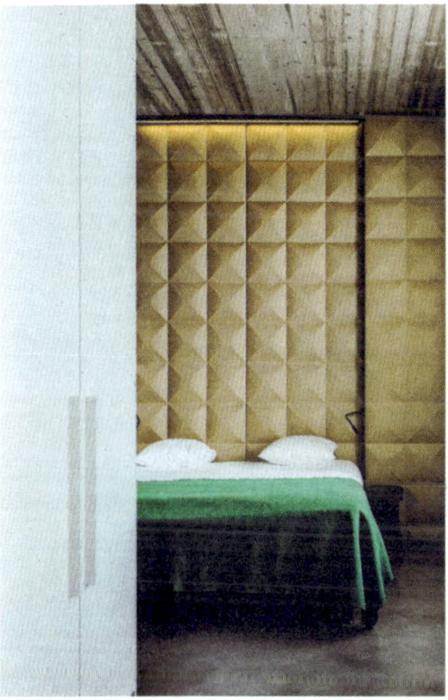

## 't Zuid
## Hotel Pilar

Prachtig, uniek ingericht hotel waar zo ongeveer alles te koop is: van de kunst aan de muur tot de sprei op je bed. Zo mooi!

## Diamant
## Hotel Indigo Antwerp

Heerlijk hotel, mooi en origineel ingericht, met superfijne douches en fantastisch ontbijt. Vlak bij het station en de Zoo.

T.W.V. € 7,99

# Download nu GRATIS de app van Antwerpen themaroutes

Zo heb je toegang tot de meest recente info!

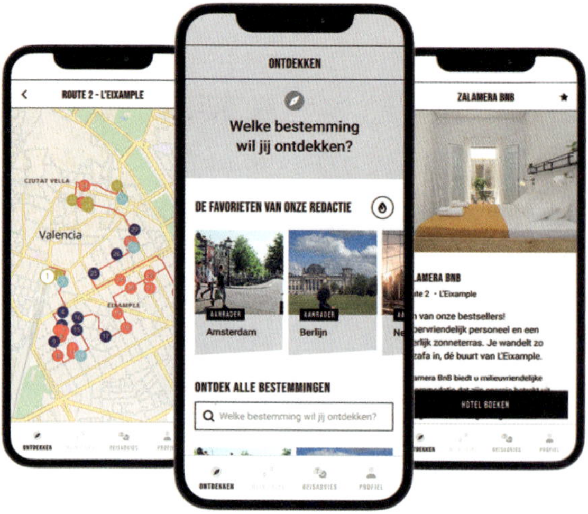


**1** scan de **QR-code** en download de app
**2** maak een account aan in de app
**3** activeer de routes met deze **code** (geldig t/m 31-12-2021)

#antwerpenthemaroutes

GET IT ON Google Play

Download on the App Store